쇼핑 호스트 이창우가 제안하는 스피치 마케팅
당신의 스피치를 마케팅하라

초판1쇄 발행 2011년 2월 28일

지은이 이창우
발행인 김순정

북에디터 유연주
편집장 김민수
홍보 이수경
포토그래퍼 최원제
디자인 공경회

펴낸곳 순정아이북스
주소 서울시 서초구 서초동 1330-18 현대기림빌딩 704호
전화 (02) 597-8933, 팩스 (02) 597-8934
홈페이지 www.soonjung.net
이메일 bestedu11@hanmail.net
출판등록 2002년 10월 08일 제16-2823호

* 순정아이북스는 영혼이 춤추는 책을 펴냅니다.
  지식과 지혜로 정의와 영감 그리고 감동을 담아 세상을 바꾸는 책을 만듭니다.

ISBN 978-89-92337-27-4 (03320)
값: 12,000원

* 저자와의 협의 하에 인지를 생략합니다.
* 파본은 본사나 구입하신 서점에서 교환하여 드립니다.
* 이 책을 무단으로 복사, 복제, 전재하는 것은 저작권에 저촉됩니다.

쇼핑 호스트 이창우가 제안하는 스피치 마케팅
당신의 스피치를 마케팅하라

이 창 우 지음

순정아이북스

Contents

프롤로그
말 못하면 설 곳 없는 스피치 경쟁 시대에 돋보이고 싶은 당신에게 • 8

Chapter 1

관계를 살리는 '생생 대화법' 워밍업(warming up)

섬김 – 편안한 섬김의 대화를 하라 • 14
소통 – 2천 년 전 장자에게서, 해답을 찾다 • 21
공유 – 한국인의 심리를 파악하라 • 31
관심 – 대화 전 상대의 유형부터 파헤쳐라 • 37
배려 – 상대방 마음의 소리를 들어라 • 41
경청 – 똑소리 나게 말하려면 먼저 잘 들어라 • 44
스타트 – 매력적인 오프닝으로 시작하라 • 49
친밀감 – 어떻게 하면 낯선 사람과 쉽게 말할 수 있을까? • 55
다양성 – 한 가지 주제라도 다양한 관점에서 풀어라 • 59
리얼 – 생생한 언어로 리얼하게 말하라 • 66
끌림 – 말이 눈과 귀에 밟히게 하라 • 71
변화 – 시대와 상황에 맞는 핵심을 찌르라 • 75
개성 – 똑 부러지는 나만의 개성을 살려라 • 79
습관 – 영양가 있는 수다를 떨어라 • 85

Chapter 2

세계 최고의 브랜드에 실린 스피치 마케팅의 힘

스피치에 적용해 본 디즈니 십계명 – 성공한 테마파크 디즈니랜드 ●92
상대방의 고정관념을 깨라 – 미(美) 항공사 제트블루 ●97
진심은 언제 어디서나 통한다 – 할리 데이비드슨 ●103
군더더기 말고 핵심만을 말하라 – 미니멀리즘의 대표, 조르지오 아르마니 ●106
말 속의 숨은 행간을 읽어라 – 이케아 ●110
친숙한 것으로 쉽게 가자 – 앤디 워홀, 듀폰 휴대전화, 펜처럼 ●115
광고처럼 말 속에 감성을 심어라 – 아이폰 4 ●120
스피치는 나만의 문화다 – 스타벅스 혹은 할리 데이비드슨처럼 ●123
유머와 위트, 센스를 섞어라 – 잘살아보세, SHOW ●127
날개 달린 콘텐츠로 미래를 겨냥하라 – 노키아 VS 아이폰 ●133

Contents

Chapter 3

스킬업(Skill Up)! 성공하는 스피치 마케팅 기법 I

말하기가 자신 없는 당신에게 - 노력 앞에 장사 없다 ● 140
낯선 이와의 대화가 힘든 당신에게 - 안 통하면 통(通)하게 하라 ● 144
말실수가 많아 두려운 당신에게 - 말은 과거형, 입은 현재형, 머리는 미래형 ● 147
명쾌한 의미 전달이 부족한 당신에게 - 이해하기 쉽게 한 문장으로 이야기하라 ● 150
감정조절이 어려운 당신에게 - 깊은숨을 다섯 번 쉬어라 ● 154
설득력이 떨어지는 당신에게 - 일의 개연성까지 언급하라 ● 158
표현력이 약한 당신에게 - 히트 친 광고를 카피하라 ● 162
정확한 표현이 약한 당신에게 - 구체적 숫자를 활용하라 ● 165
화제를 나누지 못하는 당신에게 - 애니콜(Anycall)처럼 애니톡(anytalk) 하라 ● 169
자신감이 없는 당신에게 - 성공을 마인드컨트롤 하라 ● 172
활력 있는 대화가 약한 당신에게 - 크리에이티브 브리프로 보는 스피치 전략 ● 175
경쟁력 있는 스피치가 절실한 당신에게 - 내 스피치의 SWOT(스왓)을 분석하라 ● 182

Chapter 4

스킬업(Skill Up)! 성숙한 스피치 마케팅 기법 II

전달 효과를 업(Up)시키고 싶은 당신에게 - 당신만의 방식으로 호흡하라 • 190
주목받고 싶은 당신에게 - 놀랄만한 쇼킹 스피치를 하라 • 193
호기심 유도를 원하는 당신에게 - 시선 집중의 티저 스피치를 하라 • 198
생동감 있는 대화를 꿈꾸는 당신에게 - 암기식 말하기에서 벗어나라 • 202
상대방의 마음을 얻으려는 당신에게 - 연애하듯 관심을 보여라 • 204
상대방을 설득하려는 당신에게 - 열정을 가지고 진심을 보여라 • 207
진정성을 전하고 싶은 당신에게 - 지식 말고 경험으로 소통하라 • 211
원활한 소통이 필요한 당신에게 - 영화 아바타의 나비 족처럼 소통하라 • 215
긍정의 대화를 원하는 당신에게 - 말 속에 희망을 마케팅하라 • 219
통쾌한 대화를 원하는 당신에게 - 뻔뻔한 아줌마 식 스피치를 구사하라 • 222
대화의 카리스마가 필요한 당신에게 - 확실한 주제로 집중하여 말하라 • 225
살아 있는 대화를 원하는 당신에게 - 온몸으로 3D 입체 스피치를 하라 • 228
최고의 스피치 리더가 되고자 하는 당신에게 - 3D 입체 스피치로 마케팅하라 • 231

프롤로그

 말 못하면 설 곳 없는 스피치 경쟁 시대에 돋보이고 싶은 당신에게

말만으로도 그림이 그려지는
영상 스피치 시대를 살아가는 그대여,
이제 당신의 말도 마케팅 해야 한다!

　어릴 땐 누구나 꿈이 있다. 솔직히 말하면 나는 책을 읽기는 해도 독서광은 아니고 글쓰기도 겨우 밀린 일기나 쓰는 수준이었다. 이런 내가 첫 책 출간을 위해 글을 썼다는 사실 자체가 놀랍다. 바쁜 업무까지 병행해야 해서 몸은 지치고 마음은 고달팠다. 하지만, 끝까지 몰입하여 글을 쓸 수 있었던 힘은 아마도 쇼핑 호스트라는 나의 직업 특성상 현장 경험을 통해 쌓은 '말하기의 중요성'을 누구보다도 뼈저리게 알고 있기 때문이다.
　또한, 오직 내가 경험한 현장의 산지식을 전해야겠다는 소명 때문이리라! 말로 먹고사는 직업을 가진 나로서는 말하기의 중요성을 잘 알면서도 그냥 모른 척 지나칠 수 없었다. 세 치 혀가 사람을 살릴 수도 있지만 사용하기에 따라서는 소중한 생명을 앗아갈 수도 있다는 것을 누구보다 잘 알고 있기에.

현대는 얼마든지 말로서 승부를 볼 수 있는 시대이다. 커뮤니케이션은 우리가 살아가는 데 없어서는 안 될 필수적이고 기초적인 삶의 기술이다. 말의 홍수 속에 사는 당신의 대화법은 어느 수준인가? 이것은 굉장히 중요하다. 왜냐하면, 어떤 대화법을 구사하는지가 바로 당신을 나타낼 수 있는 척도이자 사회적 평가의 기준으로도 이용되기 때문이다.

말하기의 목표는 단순히 말을 잘하는 것에 있지 않다. 언어의 홍수 속 멀티미디어가 공존하는 시대에 메일, 페이스북, 싸이월드, 블로그, 카페, 트위터 등 다양한 커뮤니케이션 수단이 있다. 그 가운데 내 생각이나 느낌을 상대방에게 표현하고 전달하는 데 쓰이는 음성기호인 '말'이라는 수단은, 이 시대의 생존 키워드라고 해도 결코 지나친 이야기가 아니다.

나는 10대였던 1970년대 후반부터 1980년대 후반까지 음악 프로그램 시청하기를 참 좋아했다. 애창곡이던 조용필의 '창밖의 여자'와 함께 나미의 '인디언 인형처럼', 윤시내의 '열애', 해바라기의 '모두가 사랑이에요' 등이 당시 한창 인기였다. 매년 서울 국제 가요제를 보는 것도 나에게는 빼놓을 수 없는 즐거움이었고 미국의 그래미상 시상식을 보면서는 무대에 대한 갈망이 생겼다. 가수도 가수지만 생각해 보면 미디어에 대한 관심 또한 상당히 컸던 것 같다.

어려서부터 방송에 관심을 두다 보니 대학에서 방송계통을 전공하고 싶었지만, 아버님의 강요로 경제학을 선택해야 했다. 그러나 더는 미루면 안 될 것 같아 대학 졸업 후 방송국 문을 두드렸다. 그러나 많은 고배를 마시고 나서야 광고회사로 발길을 돌렸다. 지금 나는 가수는 아니지만 쇼핑 호스트 겸 프로덕트 커뮤니케이션 마케터로서 고화질 텔레비전 속에서 거의 매일 시청자들과 만나고 있다. 이 정도면 어느 정도 내 꿈을 이룬 셈이다. 어쨌든 그토록 원하던 무대 인생이니 말이다.

내가 장래를 고민하며 보내고 있을 때 미디어 시장에는 엄청난 변화가 일어났다. 흑백에서 컬러로, 다시 고화질 텔레비전에서 이제는 집에서도 3D 입체화면을 감상할 수 있게까지 되었다. 그런데 영상의 놀라운 변화에도 무색하게 우리의 스피치는 여전히 평면에 머무르고 있지는 않은가? 살아 움직이는 듯한 3D 입체화면처럼 이제 당신의 말도 영상이 그려지는 생생한 언어로 전달해야 한다.

치열한 경쟁 사회 속에서 승자가 되려면, 아니 최소한 낙오자라는 딱지를 달고 다니지 않으려면 말하기에 대한 투자를 더는 아끼지 말아야 한다. 구직자 사이에서 학력과 학점, 토익 점수 외에 영어 자격증, 그 외 관련 자격증들을 총칭하는 소위 스펙이라는 자격조건만으로는 경쟁에서 밀리는 시대가 됐다. 모든 사회생활의 기본은 소통이므로 소통을 하지 못하면 아무리 좋은 스펙도 의미가 없다. 외형적인 자격조건은 기본이고 자신만의 자격조건을 돋보이게 해 줄 수 있는 말하기 능력이 절대적으로 필요하다. 아무리 지식이 풍부하고 뛰어난 능력을 갖추고 있다 해도 그것을 잘 표현할 수 있는 말재주가 없다면 내 능력은 평가 절하되어 제대로 빛을 발하지 못하고 심하게는 그대로 묻히게 될지도 모를 일이다. 그래서 살아 있는 대화법으로 말할 수 있도록 늘 자신을 무장해야 한다.

마케팅의 역할은 날로 더욱 중요해지고 있다. '마케팅의 힘'의 원리가 스피치 분야라고 해서 예외는 아니다. 나는 쇼핑 호스트이다 보니 자연스럽게 방송 현장에서 제품설명을 통해 스피치 마케팅을 몸소 실천하고 있다.
제품 자체의 가치도 중요하지만, 그 이상으로 판매에 큰 영향을 미치는 것이 마케팅이다. 상품에 대한 전략적 접근이 필요한 것처럼 당신의 말 역시도 전략적으로 마케팅 해야 한다. 한 줄 카피만 들어도 영상이 생생하게 떠오르는, 영원히 기억에 남는 훌륭한 광고처럼 본인이 전하고 싶은 핵심을 간단명료하게 그림이 그려지도록 입체적으로 전할 수 있다면 얼마나 좋을까?
말은 인격이고 곧 그 사람이다. 말을 보면 그 사람을 알 수 있고 말로서 삶 전체를 볼 수 있기 때문이다. 말을 잘한다는 것은 내가 아닌, 다른 사람이 내가 한 말을 기억하는 것이다. 말로 먹고사는 놈이라고 하신다면? 맞다! 하지만, '입만 살아서'라는 말은 사양한다. 나는 마케팅에 능숙한 프로 스피치 방송인이니까. 전략적인 말하기를 통해 설득을 이끌어 내야 하는 스피치 마케팅의 중요성과 필요성이 알고 싶지 않으신가? 감히 여러분께 드리고 싶은 이야기는 바로 이 한마디이다. 당신의 스피치를 마케팅하라!

관계를 살리는 '생생 대화법'
워밍업(warming up)

무미건조한 말로는 이 시대의 주인공이 되기 어렵다. 멀티미디어 시대는 예전과 달리 말 잘하는 사람을 뛰어넘어 효율적·입체적·사실적으로 대화하길 요구한다. 결국, 관계를 살리는 살아 있는 대화법만이 이 시대를 이끌어 갈 수 있는 새로운 화법이다. 이제는 우리의 삶 자체가 마케팅 '화(化)' 되어야 한다. 그중에서도 '언어'는 영상과 함께 마케팅을 위한 중요한 수단이다. 그러니 지금 즉시 당신의 스피치를 마케팅하라. 제품의 가치를 살리고, 나와 회사를 살리고, 상대방을 살리고, 관계를 살리는 스피치를 구사하라.

● *섬김*

편안한 섬김의 대화를 하라

일방적인 대화나 은근히 자신만의 스펙을 돋보이려 하는 대화를 좋아할 사람이 세상에 있을까? 배려 없는 대화 말고 나보다는 상대방이 많이 이야기할 수 있게 열심히 들어주어라. 생각하는 섬김의 마음과 참여를 이끄는 편안한 커뮤니케이션, 그것이 성공하는 대화의 첫 단추이다!

현대사회는 커뮤니케이션 사회이다.
커뮤니케이션은 소통이고, 말이 중요한 수단이 된다. 커뮤니케이션, 즉 의사소통은 사람의 의사나 감정의 소통 등을 말하는 것으로 둘 또는 그 이상의 사람들 사이에 의미를 창조하는 활동이다. 그래서 몸짓 언어가 따로 있기는 해도 한계가 있기 때문에 보통은 우리가 서로 말을 하지 않으면 커뮤니케이션 자체가 성립하기 어렵다. 설사 말을 하더라도 일방적인 전달에 그친다면 이 또한, 커뮤니케이션이라고 하기엔 부족하다. 즉, 현대사회는 말로 서로 이해하고 공감할 수 있는 사회를 의미한다. 그래서 말하기가 우리 삶 속에서 더욱 중요한 부분을 차지하게 된 것이다.

예전에는 상명하달식 의사소통 체계를 당연하게 여겼다. 즉 윗사람이 명령하면 아랫사람은 그저 순종하고 복종하는 것이 의사소통의 전형이었다. 그래서 유교적 성향이 강한 우리나라에서는 가부장적인 문화의 영향으로 상명하달식 문화가 지배적이었다. 아버지가 헛기침만 해도 어머니는 바짝 긴장하고 움츠러들던 시절이었다. 무슨 일에든 아버지 눈치를 살피기 바빴고 아이들도 아버지 말 한마디에 꼼짝 못했다. 아버지의 말은 곧 한 집안의 법이었던 시절이니 가능한 이야기다. 그러나 아버지의 권위가 땅에 떨어졌다고들 한탄하는 요즘에 와서는 가장의 말의 위력마저 예전 같지 않음을 알 수 있다.

그럼, 지금 우리의 소통 방식은 어떤 모습일까?
헛기침만 하던 아버지의 경제권을 이제는 일하는 어머니도 나누어 가지면서 대부분 영역에서 남녀가 동등한 기회를 얻고 성차별에서 벗어나 객관적으로 평가받는다. 여성의 발언권이 세어지면서 다른 영역처럼 말하기의 남녀평등 또한 이루어지고 있음을 본다. 의사소통 방식 중 가장 큰 변화다. 이전의 살림만 하던 여성을 떠올려 보라! 동등한 경제력으로 이제는 엄마의 헛기침에 아빠도 머리가 쭈뼛 설 수 있게 되었다. 어쩌면 여성의 발언권이 더 셀지도 모르겠다. 여성의 사회적 참여 경향을 대변해 주는 사례가 요즘 사시 합격자에 나타난 여성의 성비가 아닐까?
경제력을 확보한 여성의 영향력은 말하기에도 그대로 드러난다. 집에서도 부부의 대화 역시 일방통행이 아닌 쌍방소통의 형태로 자리 잡아가고 있다. 그래서 부부나 가족 간에도 명령이 아니라, 이제는 대화를 통하여 삶을 영위해 간다. 심지어 이제 우리 주위에서는 주부 아빠도 어렵잖게 볼 수 있다. 그런 가정은 오히려 엄마가 집안의 주도권을 가진다. 남녀의 역할이 여성의 사회참여와 경제력의 기여도 증가 때문에 동등해졌다.

이런 남녀평등의 모습을 보고 자란 아이들도 자연스럽게 '쌍방'의 커뮤니케이션에 익숙하다. 그래서 어디서건 말하기가 활성화되고 중요하게 여겨지고 있다. 초등학교 때부터 발표에 주안점을 두는 이유가 바로 이 때문이고 그 영향으로 예전의 웅변학원이 지금은 자유롭게 의사를 표현하는 형태의 학원으로 바뀐 것이리라. 또 그런 동등한 커뮤니케이션 문화에 익숙한 세대들이 점차 영향력을 가지며 이 사회에서 빛을 발하고 있다.

문득 옛날 우리네 모습이 떠오른다. 예전 내가 자라던 시절에는 밥상머리에서 입을 다무는 일종의 식탁 예의였던 '식중불언(食中不言)'이 밥상 문화의 최고 가치였다. 그 보다 조금 전만 해도 아버지와 눈을 마주치거나 말이라도 맞받아쳤다가는 어디 어른 앞에서 버르장머리 없게 말대꾸하느냐고 야단하던 시절도 있었다. 조용히 밥 먹기에 급급하던 시대였다. 만일 요즘 세상에도 가족끼리 앉은 밥상에서 한마디도 않는 가정을 본다면 어떨까? 아마도 가족 간에 무슨 문제가 있거나 집안에 우환이라든지 특별한 사정이 있다고 치부하고 말 것이다. 그러니까, 예전엔 식중불언이 모범 가정의 식탁 예절이고 좋은 가정의 본보기였다면 지금은 말 없는 식탁은 가정이 죽은 곳이다. 소통이 죽었다면 아무리 살아 있어도 그곳은 무덤이나 매한가지다. 오순도순 대화가 오고 가고 웃음소리로 시끌벅적한 식탁이 사랑이 많은 가정이다.

우리나라에서 외국으로 조기 유학이 막 시작되던 초창기에 문화 차이로 적응하기 어려워 했던 자녀가 꽤 있는 것으로 안다. 한국에서 공부하다 미국으로 유학 갔던 아이가 다시 돌아와 한국 학교에 다니면서 소통 과정에서 문화 차이 때문에 해프닝이 생겼다. 잘 생각나지는 않지만 대충 이런 내용이다.

미국에 도착한 아이가 초창기에 수업시간을 맞아 미국 선생님의 질문에 고개를 떨어뜨리고 조용히 대답을 했다. 사실 언어도 서투르고 낯설어서 더욱 얌전해졌던 터였다. 한국에선 예의 바른 아이라고 칭찬을 듣곤 했는데, 푸른 눈에 금발머리인 선생님의 반응은 '선생님이 말하는데 왜 눈도 마주치지 않으며 무시하느냐'는 것이었다. 몇 년 후, 그 아이가 한국으로 돌아왔다. 이번엔 한국 선생님께서 묻는 말에 이미 미국식 문화에 젖어든 아이가 선생님을 쳐다보며 또박또박 대답을 했다. 선생님은 예의가 없다며 혼을 내셨다. 엄청 혼난 아이는 헛갈리고 억울하기까지 해서 눈물을 뚝뚝 흘렸다. '도대체 내가 뭘 잘 못했지?'

　문화 차이로 소통법이 완전히 다르다 보니 모범생이 한순간에 문제아로 둔갑한 웃지 못할 이야기이다. 그런데 만일 내가 한국에서 오래전에 태어났다면 어땠을까? 그 당시의 문화대로라면 말이 많고 엄청 빠른 나 같은 남자는 아마 가벼운 남자로 치부되어 가정이나 사회 모두에서 별로 인정받지 못하고 변방에서 살아가야 했을 지도 모른다는 생각을 해보니 나로서는 이 시대를 살아간다는 게 얼마나 감사한지 모른다!

　이제 하던 이야기로 다시 돌아가 보자. 사회의 가장 작은 단위인 가정에서 작지만 아주 큰 변화가 일어났다. 가정에서의 변화가 다시 사회의 변화를 이끈 것일까? 그렇게 성장한 우리는 사회생활에서도 대화라는 도구를 통해 서로 이해하고 합의를 이끌어내고 있다. 예전처럼 상사의 말에 무조건 복종하는 것만이 능사가 아니라, 상사의 말에 대하여 본인의 생각을 표현할 줄 알아야 역시 능력 있는 후배로 자리매김할 수 있다. 그래서 그럴까? 사실 요즘은 후배들이 예전과 많이 달라서 상당히 당황스러울 때가 있다. 남의 눈치 안 보고 당당하게 말하는 것도 이제는 본인의 능력으로 비치는 세상이 됐으니 말이다. 그래서 내 의사를 말로 표현하는 것이 중요하다. 그것도, 잘해야 한다. 요즘 기업체 입사 시험에서도 심층토론을 통하여 입사지원자의 능력을 판단하고 이를 합격의 중요한 판단 요건으로 삼고 있다. 이것만 보더라도 집단토론 속에서 본인의 생각을 얼마나 잘 표현하고 상대를 잘 설득하는지가 중요하다고 할 수 있다. 현재 말의 중요성이 이 정도이니 만일 말하기 자격증이 생긴다면 공부해서 따려고 하는 사람들이 뜻밖에 많지 않을까 하는 생각도 든다.

이제부터라도 상대를 배려하여 겸손하게 자신을 낮추어 보자! 섬기는 소통을 할 준비가 되었다면, 이제 당신의 이바구(이야기) 즉, 말 보따리를 풀어도 좋다! 섬김의 소통은 요즘 이 시대가 원하는 섬김의 리더십을 낳는다.

범아시아·아프리카 대학협의회 PAUA의 강산 사무총장님은 글로벌 리더십이라는 주제 강연에서 섬김의 리더십에 대해 '자기를 기꺼이 희생할 수 있는 사람이 갖춘' 리더십이라고 하셨다. 나를 위해 사는 것이 아니라 무엇을 하든 다른 사람의 행복을 위해 기쁘게 일하는 사람, 그리고 그것에서 삶의 가치를 찾아 진정으로 행복한 사람…. 그분은 당시 후보였던 버락 오바마가 미국의 대통령에 당선되던 날 감정에 복받쳐 흘린 뜨거운 눈물을 섬김의 리더십의 예화로 들었다.

여기서 섬김의 주인공은 오바마 대통령이 아니다. 흑인 지도자로서 핍박 중에도 꿈을 위해 달려간 평화의 사도 故 '마틴 루터 킹' 목사님이 바로 그 주인공이다. 고난 가운데서도 절대 꿈을 잃지 않던 분으로 흑인이 설 자리가 없을 때, "나에게는 꿈이 있습니다…."라는 연설문으로 수많은 사람의 가슴을 울린 이야기는 지금도 유명하다. 킹 목사님이 세상을 떠나신 지 40년이 지난 뒤, 미국에서는 첫 흑인 대통령이 나왔다. 흑인의 인권을 부르짖던 그분의 섬기는 리더십이 없었다면 흑인 대통령 오바마라는 인물은 절대 나올 수 없었다. 그것도 세계 최고의 경제력을 자랑하는 미국에서. 자손들의 미래를 생각해서 자신을 희생해가면서까지 섬기는 선조가 없었다면 오늘의 자신이 있을 수 없음을 알기에, 미국의 수장이 된 오바마는 모든 흑인을 대신하여 대통령으로 당선된 자리에서 오랜 설움에서 해방된 감사의 눈물을 흘렸던 것이다.

아직도 '공부해서 남 주느냐?'라고 생각을 하는 사람이 있다면 '공부해서 남 주자!'로 사고의 틀을 바꾸어야 한다. 삭막한 세상에 자라날 우리 아이들의 미래를 위해 부디 공부해서 남 주자! 우리 아이만 생각하고 챙기지 말자. 다른 집 아이의 사고가 건강해야 우리 집 아이가 맘 놓고 살 수 있는 세상이 된다는 건 왜 모를까?

전래 동화로도 전해지는 충남 예산의 '의좋은 형제 이야기'도 좋은 섬김의 일화다. 논밭을 열심히 가꾸어 얻은 수확물인 볏단을 서로 몰래 더 주려다가 이상하게도 절대 줄지 않는 볏단의 진실을 알고 서로 붙들고 눈물을 흘렸다는 의좋은 형제처럼, 서로 섬기며 살자. 섬김, 이것이 시대를 뛰어넘는 소통의 최고 덕목이다!

섬김의 리더십, 섬김의 소통을 대표하는 현대사에서 가장 유명하고 위대한 연설, 1963년 미국의 인권 운동가 마틴 루터 킹 목사님이 워싱턴 DC의 링컨 기념관 앞에서 구름떼처럼 모여든 20여만 시민에게 했던 명 연설문 중 일부분인 '나에게는 꿈이 있습니다.'의 소개로 섬기는 소통의 종지부를 찍어 본다.

나에게는 꿈이 있습니다 (I have a dream)

– 마틴 루터 킹 –

나에게는 꿈이 있습니다.
언젠가 이 나라가 일어나
'우리는 만인이 평등하게 창조되었음을 확신한다.' 라는
믿음의 참된 뜻대로 살아가는 꿈입니다.

나에게는 꿈이 있습니다.
언젠가 조지아의 붉은 언덕에서 노예의 후손과 주인의 후손이
동포애의 탁자 앞에 나란히 앉는 꿈이.

나에게는 꿈이 있습니다.
언젠가 부정과 억압의 열기에 허덕이는 황폐한 땅 미시시피가
자유와 정의의 오아시스로 변화되리라는 꿈이.

나에게는 꿈이 있습니다.
언젠가 네 명의 내 아이들이 피부색이 아니라
인격으로 평가받는 나라에서 사는 꿈이.

나에게는 꿈이 있습니다.

● 소통

2천 년 전 장자에게서, 해답을 찾다

대화할 때 두려움이 생기는 건 상대를 알지 못하기 때문이다. 상대방을 알면 두려울 게 없다. 우리는 일상에서 약자의 관점에서 무시당하지 않기 위하여, 혹은 강자의 관점에서 우월함을 과시하는 방법의 하나로 일부러 어려운 단어나 외래어 등을 사용하여 기죽지 않으려 하거나 반대로 상대를 기죽이려 든다. 또 말하기 과정에서 서로가 관계 우위에 서려고 신경전을 벌이는 현장을 종종 목격한다. 영어를 잘 못하면서 원어민 앞에서 알고 있는 체 하는 경우이거나, 한국어를 못하는 외국인에게 한국어로 혼자 떠들고 잘난 척하는 경우와 같이 우스운 행동이다. 이러한 대화법은 오히려 자신을 스스로 깎아내리는 행위로 비겁해 보일 뿐이다.

우리 시대의 대표적인 화두가 무얼까?
아마 성인남녀 열의 대 여섯 이상은 '소통'을 꼽지 않을까 싶다. 국가와 국가, 국민과 정부, 직장, 가정, 개인과 개인 사이에서도 소통하지 않고는 나아갈 수 없고 관계가 거기서 멈춘다. 혹은 까딱 잘 못하다가는 소통이 오히려 독이 될 수도 있다. 그래서 스피치 전문가인 나에게 '소통'은 더욱이 의미 있는 분야로 더 열심히 공부하고 진지하게 고민해봐야 할 인생의 화두이기도 하다.

그런데, 소통을 고민하는 과정에서 2천 년 전 이미 '소통'이라는 단어의 의미를 정확하게 파악하고 있었던 학자가 있었다는 흥미있고 놀라운 사실을 발견했다! 우리에게도 이름이 잘 알려진 중국의 철학자 '장자'다.

그는 제자백가 중 도가의 대표적인 인물로 노자 사상을 계승, 발전시킨 인물이다. 사실 철학에는 문외한인 나는 장자를 자연과의 합일을 강조한 사람 정도로만 알고 있었다. 그러나 그가 주장한 소통의 3단계 이론을 접하는 순간, 무려 2천 년 전에 소통을 정확하게 규정한 그의 깨달음에 무척 놀랐고 감탄할 수밖에 없었다. 그 내용은 지금에도 손색이 없을 정도이다. 장자는 소통을 단순히 의사전달 능력의 문제로 보지 않았다. 존중과 이해를 기반으로 한 상호작용의 관점에서 이해했다. 그의 소통에 대한 철학적 기반은 과거와 현재를 거쳐 머나먼 미래의 우리에게까지도 관통할 수 있는 내용이라는 생각이 든다.

장자가 논하였던 소통의 3단계를 통하여 우리 말하기의 기본을 충실히 다졌으면 하는 바람으로 이곳에 소개한다.

1단계 : 다양성을 인지하라

장자는 소통의 기본을 다양성을 인정하기에서 시작한다.

그 시대에 철학자 장자가 생각한 다양성을 인정한다는 것은 어떤 의미일까? 국가와 국가의 장벽은 물론 개인 간에도 철저한 벽이 있을 만하던 시절에, 어떻게 그 오래전에 다양성을 하나의 개념으로 생각할 수 있었는지 그저 놀랍다.

그는 세상에 열 가지 다양함이 있는데도 내가 그중 세 가지만 아는 채로 살아왔다면 나머지 일곱을 부정하지 말라고 가르친다. 내가 모른다고, 내 생각과 다르다고 해서 잘못된 것으로 인식하지 말라는 것이다. 내가 모르는 부분이니 틀렸다고 섣부른 판단을 하는 대신 설사 내가 맞을지언정 오히려 내 이해의 폭을 넓히기 위해서라도 일단 수용하라고 한다. 짧은 생애에 우리가 모든 것을 경험할 수는 없기 때문이다. 이해할 수 있는 상황보다도 이해하기 어려운 상황에 훨씬 많이 부딪치며 살아가야 하는 게 우리 인생이라는 뜻이다.

다양성은 옳고 그름의 문제가 아니라 서로 다름을 인정하는 데서 출발한다. 그것에 초점을 맞추어야 한다. 상대방에 따라 마음가짐이 사뭇 달라야 이해하기 어려운 상황이 덜 생기고 상대를 대하기가 훨씬 수월하다. 평소와 똑같은 생각으로 대한다면 언제든 실수할 수 있다. 그래서 장자가 추천하는 마음가짐은 맑은 거울과 고요한 물처럼 사념(邪念)이 전혀 없는 깨끗한 마음을 뜻하는 명경지수(明鏡止水)와 같은 맑은 마음이다. 그런 마음으로 세상의 다양성, 사고의 다양성을 인정하라는 것이다. 그러면 상대가 나와 충돌할 때 상대를 나와 틀린 개체가 아니라, 나와 다른 존재로 인식하게 될 것이기 때문이다. 어떤 그릇에 담기느냐에 따라 그 모양이 매번 달라지는 물처럼, 자유자재로 쉽게 늘어나고 원점으로 돌아오는 고무줄처럼 유연하게 사고할 필요가 있다. 당신은 물인가 고무줄인가? 아니면 다른 무엇인가?

획일화된 사고로는 한가지 소통법만 고집하기 십상이다. 구성원 각자의 다양성을 인정하여 성공한 기업의 사례를 들어보자. 다양성을 인정하는 조직문화의 대표 기업으로 IBM이 있다. IBM은 성차별을 없애고 여성을 위한 다양한 프로그램을 실천하고 있으며, 장애인에게도 기획, 연구 외에도 각종 업무를 맡기는 등 개개인의 다양성을 인정하여 역할을 제공하는 방법으로 성적인 약자나 소수자에게 동등한 기회를 주고 있다. 특정 소수를 향하여 걸친 왜곡된 색안경을 벗고 인간 대 인간으로 대우해 주는 기업의 모습이 본받을 만하다. 천차만별의 환경 속에서 살아가는 우리이지만, 정작 삶 속에선 좁디좁은 나만의 세계에서 빠져나와 다른 것은 무조건 틀린 것이고 잘못된 생각이라 여기는 모습은 얼마나 큰 오류인가!

인생에서 하나의 정답은 없다. 나와 다른 생각을 수용하라!

2단계 : 상대방의 요구에 맞는 소통을 실천하라

단순히 상대방에 대한 차이의 인식을 넘어 실제 차이를 고려한 맞춤형 소통방식을 생각해야 한다. 마치 재단사가 정확한 수치를 재어 신체 특성을 고려하여 만든, 내 몸에 어울리는 맞춤복이 누구에게나 맵시 있고 가장 좋은 것처럼, 상대와의 다름을 알고 다양성을 인정한다면 기성복에 내 몸을 대충 맞추어 입듯 상대방을 나에게 억지로 맞추려 들지 말고, 상대에게 어울리는 방식에 최대한 근접하여 상대와 교감을 이루어 나가야 한다. 즉 대화의 주체를 내 중심이 아닌 상대의 관점과 입장에서 이끌어 가야 할 것이다.

우리는 때로 상대방이야 알아듣건 말건 대화 중에 은근히 자랑삼아 어려운 전문용어나 영어를 들먹여 자신의 지식을 늘어놓으며 센 척하는 부류의 사람들을 종종 본다. 물론 집단의 특성에 따라 잘난 척이 아니라 자연스러운 현상일 수도 있지만, 이유야 어찌 됐든 내가 처한 상황이 아니더라도 우스워 보이는 게 솔직한 심정이다. 하물며 상대를 무시하거나 기죽이려는 의도가 다분하다면 그야말로 더더욱 해서는 안 될 행동이다. 만일 청자인 상대방이, 어려운 용어의 사용으로 화자의 말이나 뜻을 전혀 이해할 수 없는 상황이라면 청자는 자신이 무시당한 것에 마음이 상하고 화자에게 거부감이 들 것이다. 대화하고 싶은 마음이 사라져 깊이 있는 이야기를 채 시작하기도 전에 마음의 문을 굳게 닫아 버릴 것이다. 상대를 얕잡아본 대화법으로 말미암아 상대방이 상처받고 마음의 빗장을 닫은 경우라면 좀처럼 마음의 문을 열 수 있으리라고는 기대하지 마라. 엎지른 물을 주워담을 생각 말고, 물을 엎지르지 말아야 한다. 일을 그르칠 행동이나 대화는 애초에 싹을 잘라야 한다.

광고회사에서 근무했을 때의 일이다.
광고주 앞에서 프레젠테이션하는 팀장님의 모습을 보며 '저렇게 이야기하면 광고주가 알아듣지 못하거나 짜증 나 할 텐데.' 라며 속으로 걱정했던 적이 있다. 책으로 치자면 각주를 달아 친절하게 해설해 주어야 할 어려운 전문용어인 '카테고리, 카니발라이제이션, 코어 타겟, 인사이트, 메인 콘셉트, 도달률, 메인 비쥬얼' 등을 아무 설명도 없이 무턱대고 머리가 허옇게 센 광고주 앞에서 끊임없이 쏟아내고 있었기 때문이다.
프레젠테이션(발표)이 끝난 후 광고주의 반응은 어떠했을까?
물론, 시큰둥했다. 그것도 신이 나서 속사포처럼 말한 팀장님의 생각과는 아주 다르게. 광고주의 표정을 보니 알아듣는 내용 반, 못 알아들은 내용이 반인 것 같았다. 그렇다고 의뢰인인 광고주 체면에 괜한 질문을 꺼내었다가 행여 지식이 짧거나 이해력이 부족한 것을 들키지 않을까 싶어 맘 놓고 질문할 수도 없는, 광고주로서 불쾌하면서도 답답하고 어색한 상황이 연출되었다. 공연히 흠을 잡혀 상대적 우위에서 하수로 얕잡혀야 할 이유가 없는 광고주가, 까딱 실수로 우습게라도 보이는 것 아닐까, 약점이라도 잡혀 협상에 휘

둘리게 되지 않을까, 이 보이지 않는 기 싸움을 벌이는 모습을 보면서 나 역시도 안쓰럽고 안타까웠다. 상대를 고려한 맞춤형 소통의 중요성을 제대로 깨닫는 순간이었다!

다시 말해, 상대의 요구에 맞추는 소통이란 내가 아는 방식만을 고집하지 않고 배려함을 의미한다. 마치 유명한 한 편의 이솝우화 '여우와 두루미' 처럼.

여우는 두루미를 저녁 식사에 초대하고 음식을 대접한다. 하지만, 어찌 된 영문인지 두루미는 배가 고픈데도 한 입도 먹지 않는다. 아니, 먹을 수가 없다. 여우는 두루미가 먹을 수 없는 납작한 접시에 음식을 담아 대접하였던 것이다. 이번에는 두루미가 여우를 자신의 집으로 초대한다. 무슨 일이 벌어졌을까? 뻔한 스토리처럼 여우도 식사할 수 없었다. 왜냐하면, 여우를 초대한 두루미가 주둥이가 긴 병에 음식을 담아 내왔기 때문이다. 여우가 음식을 먹을 수 없도록 말이다. 초대는 받았지만, 손님 대접을 제대로 받지 못하였던 두루미의 앙갚음으로 이야기는 끝을 맺는다.

짤막한 우화를 통해서 우리는 교훈을 얻고 소통의 관점에서 여러 가지를 생각해 보게 된다. 여우는 두루미를 골탕 먹일 의도로 식사 초대를 한 걸까? 두루미의 특성을 몰라서 미처 납작한 접시를 준비하지 못한 것은 아닐까? 왜 두루미는 애초에 여우에게 긴 병을 요구하지 않았을까? 꼭 '눈에는 눈 이에는 이' 식으로 복수하여 여우에게 깨우침을 주어야만 했을까? 만약 두루미가 대화를 시도하였다면 다른 결말이 되지 않았을까? 여우와 두루미 중 누가 더 잘못했을까?

여러분이라면 소통의 관점에서 여우와 두루미의 행동에 대하여 어떤 비판을 하고 싶은가?

나는 차이를 보지 못한 여우도 문제지만, 상황을 악의로 갚은 두루미가 더 문제라고 생각한다. 혹시 내가 누군가에게 여우는 아니었는지, 두루미는 아니었는지 반성해 볼 일이다.

소통의 문제와 관련한 또 다른 예화가 있다. 장자가 말한 바로는 임금이 바닷새를 데려와 듣기 좋은 음악에 귀한 술과 각종 고기를 대접했으나 바닷새는 사흘 동안 슬피 울다 죽었다고 한다. 새를 기르는 방식이 아닌, 자기와 같은 사람을 기르는 방식으로 새를 기른 것이 문제였다.

상대와 나의 다름, 그 차이를 인정하는가? 그렇다면, 다양성에서 생겨난 차이에 맞추어 상대방에게 맞는 말과 행동을 취해야 한다. 상대방을 제대로, 충분히 이해하지 못하면 대통령 이상의 아무리 좋은 대우라도 아무 쓸모없는 짓이 되고 만다. 그래서 상대의 니즈(needs), 필요를 아는 것이 상당히 중요하다. 어찌 보면 내 입장을 바꿔 상대의 처지에서 생각하여 보는 역지사지와 같은 맥락이라고도 할 수 있다. 그러나 소통의 3단계 주제인 '변화'를 확인한다면 장자의 소통 속에 '역지사지' 그 이상의 의미가 있음을 깨닫게 될 것이다.

3단계 : 변화하라

소통의 세 번째 단계는 소통을 통한 자신의 변화를 이끌어내는 단계이다. 이 마지막 단계야말로 장자가 말하는 소통 철학의 핵심이라고 할 수 있다.

장자가 하루는 낮잠을 자다가 꿈을 꾸었다. 그런데 꿈에 자신이 나비가 되어 이리저리 날아다녔다. 한참 날아다니다가 나무 밑에 한 사람이 낮잠을 자고 있기에 내려가 보니 장자 자신이었다. 그때 잠에서 깨었다.

꿈에서 깬 장자는 이렇게 말했다. '내가 나비의 꿈을 꾼 것인가, 나비가 내 꿈을 꾼 것인가?'

장자가 들려주는 '호접몽(나비의 꿈)'의 한 대목이다.

장자는 '호접몽'을 통하여, 소통과정에서 타인을 단순히 수동적인 객체로 인식하지 않고 주체를 변화시킬 수 있는 강력한 존재로 받아들인다. 지금껏 이야기한 1, 2단계는 아직 맞춤형 소통에 머물러 있을 뿐 주체 중심의 사고를 벗어나지는 못한 상태이다. 궁극적으로 소통과정에서 주체와 객체의 상호작용을 통하여 주체가 이전과는 또 다른 주체로 변화되는 것이 소통의 최종 목표이다. 즉, 그가 말하는 소통이란 상대가 객체로 그 자리에 머물러 있는 것이 아니라, 나를 변화시킬 수 있는 적극적인 또 하나의 주체로서 역할을 한다. 내가 변화한다는 것은 수직적인 조직문화에서 수평적인 조직문화로의 이동을 의미한다. 상명하복의 위아래 서열 없이, 모두 동등한 입장에서 의사를 펼쳐나가고 자유롭게 토론하는 것이 진정한 소통이다.

이제 조직에서 리더는 본인중심의 독단적인 소통방식을 버리고 구성원의 의견을 경청하고 존중하는 자세가 필요하다. 내가 시키는 대로만 하라는 과거 리더의 성공 솔루션은 이제는 안 통한다. 가슴으로 들으며 소통하고 실천해야 한다.

일본 굴지의 재벌기업인 파나소닉(구 마쯔시타 전기)의 창업주로 '기업 경영의 신'으로 불리는 마쯔시타 고노스케(松下幸之助)는 기업경영에 대하여 이렇게 이야기한다.

"기업경영의 과거는 관리, 현재는 소통이며, 미래 역시 소통이다."

그는 세계적 재벌 기업의 총수임에도 단벌 신사로 회사에서도 달랑 러닝에 팬티 차림으로 근무하며 자동차를 타고 다니지도 않았다. 집에서나 회사에서나 너무나 검소하다 못해 가난한 부자, 괴짜 회장이다. 그의 독특한 경영이념과 탁월한 통찰력, 인사 과정에서의 색다른 소통법은 국내 방송사의 다큐멘터리를 통하여 소개되면서 화제가 되었다.

가장 특이했던 점은 일명 '선풍기 인사'로, 모든 사원의 이름을 적은 메모지를 담은 바구니에 선풍기 바람을 날려 직위를 결정하는 충격적인 장면이다. 신입 사원이 1년 만에 부장이 되기도 하고 몇 년 차 부장이 거꾸로 하위의 대리가 되기도 하는, 아무도 예측할 수 없는 파격적 인사 등용을 한다. 그런데 더욱 신기한 건 아무도 불만이 없다는 사실이다. 운이 좋으면 승진 기회를 얻을 수 있기 때문에 오히려 기대감이 크다고 했다. 누가 봐도 걱정스러운 이색적인 '선풍기 인사'지만 정작 마쯔시타 고노스케는 너무 태평하다.

사람의 타고난 능력은 큰 차이가 없어서 누가 그 자리에 앉는지는 중요하지 않고 누가 됐든 주어진 각자의 자리에서 잘 해내리라 믿는다며 뜻밖의 답변까지 했다. 사람이 자리를 만드는 게 아니라 자리가 사람을 만든다는 식이다. 누구나 직책에 맞게 열심히 일하게 된다고 자신하는 모습이었다. 회장의 그런 믿음 때문에 선풍기 날리기로 인사 배치를 받은 각 사원은 행여 회사에 누가 되지 않을까 되려 책임 있게 일을 하게 된다며 회사의 경영방식에 만족해하였고 그 회사의 직원인 것을 자랑했다. 정작 자신이나 가정을 위해서는 자린고비 이상으로 한 푼도 쓰지 않으려 아끼는데다, 회사에서는 쓸데없이 켜진 전깃불도 찾아내어 철저하게 단속하고 이면지 하나까지도 그냥 버려지는 것이 없는지 세세하게 점검할 정도로 절약하는 그이지만, 뜻밖에도 자율성과 효율을 위한 경영이 뛰어났다. 직원들을 위한 복지에는 지나치다 싶을 정도로 통 큰 회장님 덕분에 퇴직할 때까지 떠나지 않는 사원이 대다수라고 한다.

이 사실만 보아도 그는 소통을 아는 리더임이 분명하다. 특히 몸소 실천하는 소통방식을 통해 직원과의 신뢰를 만들어 나간 점에서 그렇다. 그래서, 선풍기 인사에도 아랑곳없이 그들은 내가 네가 되고 네가 내가 되는, 장자의 수평적인 소통을 통한 수준 높은 상호이해의 경지에 이를 수 있었던 것이다.

지도력의 대가로 국내에 소개된 〈끝없는 도전과 용기〉, 〈위대한 승리〉 등의 저자이자 금세기 최고의 CEO, 변화를 이끈 경영자라고 불리는 미국의 실업가 잭 웰치(Jack Welch)도 "경영은 소통, 소통, 또 소통이다."라고 했다. 이처럼 세계적 소통의 달인은 기업의 구성원 한 사람 한 사람을, 그가 이끌어야 하는 수동적인 존재로 인식하기보다는, 리더를 변화시킬 수 있는 중요한 동반자로 인정한다.

이것은 비단 기업경영에서만 통하는 말은 아닐 것이다. 말하기에서도 장자가 말한 소통의 3단계는 아주 중요한 부분이다. 특히 처음 만나는 사람과는 이런 소통의 방식이 아주 유용하다. 서로의 공통점을 발견한다면 더할 나위 없는 첫 만남이 이루어질 수 있겠지만, 만일 그렇지 않은 경우라면 어떻게 해야 할까? 장자의 소통 철학처럼 서로의 차이를 인정하고 대화를 시작하면 된다. 대화 속에서 상대의 요구를 파악하고, 그것에 맞게 소통하고, 나중에는 나를 변화시키는 장자의 3단 소통법을 적극적으로 활용하자. 왜냐하면, 장자의 소통법은 오늘날에도 소통의 기본이자 해답이 되어 주고 있기 때문이다.

● 공유

한국인의 심리를 파악하라

성숙한 대화법에서 빠르고 급하게 말하거나 상대방을 인정해주지 않는 말하기, 몇 명 소수만 공감할 수 있는 스피치, 결론만 이야기하는 방식의 화술은 절대 금물이다. 이는 한국인들이 자주 쓰는 잘못된 대화의 전형이다. 상대방을 알아야 그가 원하는 답을 줄 수 있다. 내 생각을 상대방의 생각처럼 내 편의대로 다가가지 말고 그의 생각에서 공감할 수 있는 부분을 찾으려 애써라. 설령 공감이 잘 안 된다면 그 이유가 무얼까 다시 고민하고 최대한 상대방의 생각과 마음, 심리를 읽고 공유하기 위해 애써야 한다.

가수 김국환 씨가 불러 히트 친 노래 중에 "내가 너를 모르는데, 넌들 나를 알겠느냐."라는 가사가 있다. 너무 속속들이 다 알면 재미없을지도 모르는 게 인간관계라고 하지만 상대와 내가 공유하기 때문에 읽을 수 있는 심리가 있고 상대방의 심리를 알게 되어 일부러 공유하고 싶어지는 게 또 인간의 심리라면 심리이다. 방송에도 여러 차례 출연한 이백용·송지혜 부부가 오죽하면 부부 이해하기의 해답서라는 이름으로 〈남편 성격만 알아도 행복해진다(부인 성격 알면 더 행복해진다〉라는 심리 이야기를 썼을까?

사실 〈남편 성격만 알아도 행복해진다〉, 이 책은 잘 들여다보면 심리학 교과서가 아니다. 성격유형별로 서로 다를 수밖에 없음을 인정하는 성격유형별 기질학 교과서라고나 할까? 부부 간 갈등으로 한때 이혼 위기에 처했던 이들 부부가 성격유형검사(MBTI)를 통해 서로의 성격과 기질(전형적인 모범생 스타일로 원칙주의자-ISTJ 유형인 남편과 천방지축이면서 행동형 실용주의자-ESTP 유형인 아내)을 이해하고 회복하게 된 이야기를 주변 사례와 함께 진솔하게 그리고 있다. 나는 이 책을 통해서 기질의 이해가 사람의 심리를 훨씬 정확하게 파악할 수 있는 밑거름이 되겠다는 생각을 했다. 그래서 이 지면을 빌어 소개한다.

그중에 인상적인 문장을 발췌하여 정리하면 대략 이런 내용이다.

사랑하지 않는 것도 아닌데 같이 사는 것이 너무 힘이 들었다. 갈등하며 힘들어하면서도 왜 그런지 이유를 알 수 없었다. 그래서 이혼도 생각해봤다. 간신히 이혼의 위기를 넘기고도 변함없이 똑같은 문제로 부딪치고 갈등하며 살았다. 그러다가 성격유형을 알려주는 MBTI를 알게 되었다. 우리 부부가 그토록 힘들었던 것이 서로 나쁜 사람이어서이거나 더는 사랑하지 않아서가 아니라, 다른 기질로 태어났기 때문이라는 걸 알게 되었다. 아내는 불량품이 아니라 백조였다.

갈등은 대부분의 사람이 상대방도 자기와 같다고 생각하기 때문에 시작된다. 그러나 오른손잡이는 오른손으로 일할 때 편하다. 오른손잡이가 오른손을 쓰는 느낌, 그것이 자기 기질이다. 기질마다 간절히 원하는 것들과 못 견뎌 하는 것들이 제각기 다르다. 기질이해는 이해과목이 아니라 암기

과목이다.

인간의 성격과 기질, 심리에 대하여 한 번쯤 진지하게, 그러나 유쾌하게 생각해 보게 하는 책이었다.

말의 대상이 남편인지 아내인지, 직장 동료나 상사인지, 스승 혹은 제자인지, 부모와 자녀인지, 친구 사이인지 등에 따라 달라야 하는 것이 대화법이다. 말하기는 상대적인 문제이다. 따라서 독특한 한국인의 심리를 지배하고 있는 키워드와 공통의 문화를 이해한다면 한국인을 향한 말하기에 좀 더 효과적일 것이다. 만일 외국인이 이 책을 본다면 조금 도움이 되지 않을까.

한국인의 심리 첫 번째로 우리나라가 한강의 기적으로 대변되는 고속성장을 할 수 있게 된 배경에는 '빨리빨리'라는 문화가 있다.

외국인 노동자도 한국에 와서 배우는 말소리 중에 가장 먼저 배우는 말이 '빨리빨리'라고 하니, 이 어구는 이제 우리의 민족성을 대변하는 또 다른 코드로 바뀐 듯 싶다. 즉, 과정이야 어찌 됐든 관심 밖이라 알 바 없고 잠시도 못 기다리겠으니 지체 말고 당장 결론부터 말하라는 것이다. 과정은 안중에 없고 무조건 결과만이 중요하다며 빠른 성과와 결과물을 재촉한다. 압축 성장시대에 다른 것은 별로 알고 싶지 않으니, 길게 말고 핵심만 빨리 말하라는 뜻이다. 그런데, 한국인과 한국문화를 가장 잘 대변하는 이 역동적인 한마디의 말(빨리빨리)에 대한 발상을 거꾸로 마케팅의 관점에서 고민하면 무척 재미있다. 경우에 따라서는 새로운 마케팅을 예상해 볼 수도 있고 계속되는 브레인스토밍을 통하여 뜻밖의 성과를 얻을 수도 있기 때문이다.

한국의 대표적 문화 속성인 빨리빨리 문화를 사업에 잘 반영한 마케팅 사례는 무엇일까?

지금은 우리 생활에 절대적으로 필요하고 일반화된 '퀵서비스'가 그 좋은 사례라고 하겠다.

한국인에게는 2, 3일 걸리는 우편배달도 너무 늦다. 가끔은 직접 대중교통을 이용한 나름 잽싼 배달에도 만족하지 못하는 한국인도 적지 않다. 조금 과장되게 이야기하면 영화 속 첩보원이 국가의 중요임무를 수행하기라도 하듯 교통신호 무시하고 오직 오토바이를 전 속력으로 질주해서라도 빠르게 임무를 완수해야 직성이 풀리는 게 소위 빨리빨리 라고 부르는 우리 민족만의 독특한 문화적 정서이다. 우리 민족을 공연히 '배달' 민족이라고 부르는 게 아닌 것 같다는, 말도 안 되는 우스갯소리를 해본다.

반면 막힌 데 없이 탁 트인 광활한 초원을 마음껏 달릴 수 있는데도 유유자적 천천히 말을 몰고 가는 몽골민족이나 점심만으로 두세 시간을 보내는 여유로운 프랑스 사람, 낮잠만 한두 시간씩을 즐겨야 하는 남미사람에게는 우리의 이러한 속전속결의 문화 정서가 말도 안 되는 발상일 수 있다. 그런데 다소 부작용이 있긴 하지만, 빨리빨리 문화가 우리나라에서 성공한 문화로 받아들여질 수 있었던 배경은 빠른 속도와 함께 정확성이 뒷받침되기 때문이다.

그래서 적어도 이 땅에서 살아가는 한국인인 우리는 외국인이 잘 이해하지 못하고 심지어 경외 시 하는 한국의 빨리빨리 덕목을, 그들이 어떻게 이해하든 그것과는 별개로, 일상생활 속에서 잘 이해하고 있어야 한다. 때에 따라서는 지지부진하게 돌려 말하지 말고 결론부터 빨리, 직접 말하는 것이 우리의 일상적인 소통에서도 핵심을 빠르고 정확하게 전하는 방법이 될 수 있을 것이다.

또 다른 한국인의 심리적 코드는 '끼리끼리'라는 연고주의 추구 문화이다.

한국의 뿌리 깊은 연고주의 문화는 가족주의에서 시작한 것으로 학벌, 혈연, 지연 등 다양한 연줄로 얽힌 인간관계를 바탕으로 하는 우리의 실체적 유대감을 기본으로 한다. 그래서 너나 할 것 없이 전공이나 재능에 따른 대학선택이 아닌 일류대 추구에 의미를 두고 평생 그 연줄과 인맥을 가져가게 한다. 회사에 신입사원이 들어오면 "전공이 뭐야?, 어느 대학교 졸업했어?, 어디 사는데?" 그래도 별다른 연결고리가 없으면 고등학교는 어디 나왔는지 등 준비한 다음 질문으로 이어간다. 이것이 연고주의 문화의 특징이다.

같은 맥락에서 이해할 수 있는 사례가 직장이나 일반 사회생활에서도 공공연하게 행해지는 동문회 문화이다. "우리가 남이냐?"라는 친근한 표현이 문화적 일체감인 끼리끼리 심리를 바로 보여주는 말이다. 연고주의는 그런 태생적 혹은 후천적으로 획득한 동료의식에 호소한다. 그러면 어렵지 않게 경계심을 푼 상대방은 심리적으로 빠르게 안정을 찾고, 마음을 연 상태에서 상대방과의 대화를 시작하게 될 것이다.

또 하나 한국인의 심리 코드는 "너나 나나 무슨 차이가 있겠어?" 하는 자격지심을 바탕에 둔 '너나 나나' 식 접근의 획일적 평균주의가 아닐까 싶다.

조금이라도 자기보다 나은 사람이 있으면 객관적 사실에 기인한 정확한 평가를 하는 것이 아니라, 이내 질투심이 생겨 그 사람과 내가 별반 차이가 없다는 식으로 상대방을 깎아내리는 과정에서 은연중에 자신을 추켜세워 상대방과 동급으로 만든다.

예를 들어 서울대를 나온 사람을 향하여 결국 너도 어쩔 수 없이 지방대 출신인 나랑 똑같은 월급을 받는 대리니까, 너나 나나 수준이나 실력이 거기서 거기라는 식이다. 이런 상대는 무시하거나 얕보지 않고 자격지심을 느끼지 않도록 적당히 추켜 세워주기만 하면 설득하기 그리 어렵지 않다. 존중하고 존경해주면 된다. 상대방이 마음을 활짝 열도록 한 수 가르쳐달라며 낮은 자세로 섬겨주면 좀 더 편하게 대화하고 설득할 수 있다.

마지막으로 '요리조리'라는 키워드도 한국인의 심리를 읽고 맞춤식 행동을 할 수 있는 쉬운 접근의 한 방법이다.

압축성장의 영향으로 대한민국은 과정보다는 결과에 집착하는 결과론적 사고방식을 우선시한다. 이익 추구를 위해서는 어떤 수단과 방법을 동원해도 좋다. 과정은 묻지 않겠으니 결과치만 내놓으면 그만이다. 누이 좋고 매부 좋고, 좋은 게 좋은 거라는 식의 접근이, 내 목표만을 위한 편의주의적 발상인 요리조리 문화를 합리화시켜줄 수 있는 장치라고 할 수 있다.

전형적인 한국인의 심리를 대변하는 이 네 가지 키워드를 제대로 꿰고 있다면 처음 대하는 사람이나 설령 까다로운 상대라 하더라도 대화와 설득 과정에서 큰 도움이 될 것이다.

● 관심

대화 전 상대의 유형부터 파헤쳐라

당신은 상대방을 알고 이야기하는 편인가? 그렇지 못한가? 결국, 말은 사람과 사람의 대화이다. 그 사람에게 관심을 두고 관심사, 취미, 성격, 성향, 직업 등등 더 많은 정보를 조사하여 어느 정도 유형을 파악하면서 좀 더 밀도 있는 대화를 시도해 보자. 적어도 당신이 끌려가는 대화, 초점에 어긋나는 대화를 하지 않을 확률이 커진다.

사람의 유형을 구분하는 대표적인 것 중의 하나가 혈액형으로 사람을 특징짓는 방법이다. 소심하다거나 신중하면 십중팔구 A형일 확률이 높고 '욱' 하고 돌아서면 잊어버리는 성격이라면 영락없는 B형일 것이다.

사실 나는 사람의 특징을 혈액형으로 분류하는 것이 터무니없다고 생각하는 1인이다. 그러나 겪어보니 결코 무시할 수만은 없는 잣대라는 것도 알게 되었고 가끔은 너무 정확해서 치가 떨릴 때도 있었다. 그래서 이제는 나조차도 상대방을 파악하는 손쉬운 수단으로 혈액형을 꼽는다. 그런데 설득당하는 피설득자의 혈액형에 더하여, 성격 유형까지 알고 접근한다면 대화나 협상을 통한 성공확률을 20 ~ 30%는 더 끌어올릴 수 있지 않을까 싶다.

마케팅의 측면에서 보면 물건 구매 시 나타나는 인간 유형을 크게 네 가지로 나눌 수 있다.

우선 과시욕이 강한 사람이다.

이들은 한눈에도 알아볼 수 있다. 몰고 다니는 차의 종류, 걸치고 다니는 가방이나 지갑, 구두 또는 시계만 봐도 알 수 있다. 특히 어느 동네에 사는지를 알면 판단이 한결 쉬워진다. 개중에는 본인의 부를 상대방이 금방 알 수 있게 겉으로 드러내놓고 치장하고 다니는 사람들도 있는데, 이런 부류의 사람들이 바로 과시욕이 강한 사람들이다. 이들 유형을 찾아내는 것은 그리 어렵지 않다. 아마 수입차를 몰고 명품으로 몸을 감싸고 강남에 산다고 할 것이다. (부디 강남에 사는 분들의 오해가 없길 바란다.)

이와는 반대로 겉모습만으로는 결코 짐작할 수 없는 수수한 부자들이 있다. 그들은 다시, 아무리 꾸며도 부티가 안 나거나 가꾸는 것에 무관심하거나 재주가 없기도 한 부류도 있고, 행여 부자인 게 밝혀질까 봐 몸을 사리는 겁쟁이도 있고, 성격상 검소하고 수수한 부자 부류 등으로 나뉜다. 다시 말해 부자는 과시에 급급한 부류와 좀처럼 티를 내지 않고 다니는 부류로 크게 두 가지로 나뉘는데, 여기서 말하는 과시욕이 강한 유형은 당연히 전자에 속한다. 그런데 자동차 영업사원에게는 이 유형이 바로 누워서 떡 먹기 고객에 해당한다. 체면과 남의 이목을 중시하는 이 부자 유형은 권위에 대한 자극을 주면 즉시 반응이 오기 때문이다. 대화 중에 "사모님 정도면 사장님 정도면 이 정도는 하셔야죠." 하는 식으로 살짝 띄워 주며 경쟁심을 자극하면 더는 말이 필요 없는 유형이다.

두 번째로 감정 설득에 약한 유형이다.

이런 사람들의 특징은 자기표현에 강하고 말이 많은 편이다. 희로애락의 접근이 필요한 대상이다. 일단 감정적인 공감대를 최대한 형성하는 것이 먼저다. 내 의도는 최대한 나중에 이야기해야 한다. 한 시간 동안 대화를 한다면 50분은 상대방과 감정적 교류를 하고 남은 10분 동안 최대한의 설득을 끌어내는 것이 중요하다. 상대의 이야기를 존중해 주면서 상대의 생각을 정확하게 파악하는 것이 급선무다. 이런 사람들은 자존심이 강하고 감정적인 경우가 많아 바로 내 의견을 설득하는 방법은 효과적이지 않다.

세 번째, 기록과 메모를 좋아하는 분석형의 유형이다.

많고 적음의 양을 구체적인 수치로 제시해야 비로소 본인의 마음을 여는 부류라고 할 수 있다. 무얼 하든 대충 넘어가는 법이 없고 정확성을 근거로 따지기 좋아하고 데이터에 의존하는데, 나름 합리적이다. 그래서 이런 사람들에게는 막연한 대화보다 정확한 숫자를 통하여 제시해야 그나마 말이 통한다. 예를 들어 "오늘 진짜 덥네."가 아니라 "오늘 34도라고 하더니 정말 덥네." 혹은 "기름값이 비싸대."가 아니라 "기름값이 이제 2천 원을 넘었대."라고 말하는 것이 대화와 설득에서 좀 더 유리한 고지를 차지할 수 있다.

마지막으로, 새로운 관계 확장이나 모험을 싫어하고 기존 관계를 중시하는 성향의 부류다.

마치 중국의 관계문화를 보는 듯하다. 이런 사람들에게는 첫 만남에서 아무리 이야기를 해도 잘 통하지 않는다. 한마디로 쉽게 마음의 문을 열지 않는다. 꾸준한 노력으로 그 관계 안에 진입해야 비로소 관심을 두고 대화와 설득의 물꼬를 틀 수 있다. 일단 본인의 네트워크 안에 들어오면 이후로 만사형통인 유형임을 기억하라. 자주 만나고 연락해서 상대의 마음속에 둥지를 틀고 작게나마 내 자리를 마련해 놓아야 한다.

나중에는 그 사람이 요즘은 왜 연락을 안 하지라는 궁금증이 일어날 수 있도록 말이다. 아마 영업하는 분들은 이런 유형의 사람과 관계를 맺을 수 있을 정도의 참을성과 끈기를 갖고 있어야 능력 있는 영업사원으로 거듭날 수 있을 것이다.

  이상에서 본 것처럼 우리는 사회생활에서 겉모습은 하나이나 서로 매우 다른 유형의 사람들과 갈등하고 합의하면서 살아간다. 그럴 때마다 이런 네 가지의 유형을 머릿속에 넣고 각 유형에 적절한 말을 '골라 말하기'를 한다면 상대방과 좀 더 효율적이고 의미 있는 대화와 설득의 시간을 보낼 수 있지 않을까?

● *배려*

상대방 마음의 소리를 들어라

상대방의 입장과 상황을 이해하지 못하면, 좋은 대화로 이어질 수 없다. 이내 대화는 중단되거나 더 긍정적인 상황으로 이끌어 내지 못하게 된다. 역지사지의 마음은 결국, 나를 위함이고 우리를 위함인 것이다. 마음을 열고 동감(同感)하라. 상대도 이내 감동한다.

'역지사지(易地思之)'란, 말 그대로 내 입장은 배제하고 상대편의 처지에서 먼저 생각해보고 이해하라는 뜻이다. 살아가는 데 내 입장만 고수하는 것은 사회의 한쪽 면만 바라보는 외눈박이의 삶이리라. 그런데 세상은 나만 아니라 너와 내가 있고 우리로 구성되는 하나의 사회라고 볼 수 있다. 따라서 말처럼 쉽지는 않아도 매 순간 상대방의 입장이 되어 보려고 애써야 한다.

상대방의 입장을 고려하지 않고 내 입장만 강하게 호소하는 대표적 사례가 아마도 정치판일 것이다. 여당과 야당은 각자의 처지에서 한 치의 양보도 없다. 당리당략을 위하여 치열하게 노력한다. 그러나 사실 정치에서만큼은 더더욱 당리당략에만 충실하지 말고 그들을 바라보고 사는 민중의 입장에 귀 기울여야 하는 게 본연의 임무이다. 아무리 치열한 정치판이라도 견해를 바꾸어 놓고 생각해 보면 절대로 타협점이 없는 것은 아니다.

아내가 남편에게 "요즘 당신 통 얼굴 볼 시간이 없네."라고 말했다면 아마도 남편은 "다음 주에는 집에 일찍 들어올 수 있을 거야."라고 말할 수 있다. 얼핏 보면 아내의 아쉬움에 대한 문제가 해결된 것 같지만, 사실 아내의 속내를 읽지 않고 한 표면적인 질문에 대한 답 밖에는 되지 않는다. 왜냐하면, 아내는 얼굴을 보지 못한 것에 대한 아쉬움이 아니라 그동안 바빠 서로 허심탄회하게 이야기도 못 한 남편에게 느낀 서운함과 원망을 풀기 위하여 말을 걸었는데 남편이 그 감정을 전혀 이해해 주지 못했기 때문이다.

그러므로 상대방의 입장이 되어 말 속에 감춰진 감정을 헤아려 보는 것이 중요하다. 그렇다고 상대방의 말이나 감정에 모두 동의해야 한다는 뜻은 아니다. 그저 온 힘을 기울이라는 말이다. 만일 상대방의 말에 공감할 수 없는 부분이 있다고 하더라도 온 힘을 다하여 이야기를 듣는다면 나중에 자신의 의견을 말할 때 상대방도 진지하게 이해하려고 노력할 것이다. 상대편의 처지나 입장에서 먼저 생각해보고 이해하라는 뜻이다.

역지사지에 대한 고민을 진지하게 해야 하는 사람이 또 있다.

다짜고짜 "고객님." 하면서 걸어오는 목소리의 주인공인 텔레마케터이다. 짜증나는 그들의 전화를 받고 불쾌했던 경험이 한 번 이상은 있을 것이다. 처음에는 무슨 이야기일까 들어주지만 결국엔 보험상품 등의 가입을 유도하는 빤한 스토리로 끝난다. 내가 만일 보험회사의 텔레마케터라면 어떻게 불쾌하지 않게 상담을 시작할 수 있을까? 방법이 전혀 없을까? 조금만 생각해도 길은 있다. 일단 기존 고객에게 전화를 걸어라. 한 번이라도 보험 덕분에 보장 혜택을 받은 경우가 있다면 그 부분부터 상기시켜라. 그리고 보험 가입기간에 보장금액이 충분했는지, 얼마 만에 보험금이 입금되었는지 등 좋았던 기억을 떠올려 준다. 그러면, 고객은 일단 텔레마케터에게 경계심을 늦추고 반감은 사라진다. 심지어 그 당시 느꼈던 보험사에 대한 고마움을 다시 느낄 것이다.

그렇게 좋은 이미지를 각인시킨 이후에 본격적인 상담으로 이끄는 게 순서이다. 왜냐하면, 보험회사에서 전화를 걸어오면 으레 보험상품의 가입을 권유할 거라는 생각에 첫 마디부터 거부감이 생긴다. 그런데, 그런 상대방의 불편한 심기는 아랑곳 하지 않고 다짜고짜 가입이 최종목표인 내 처지만 내세우며 상품판매에 열을 올리는 자세는 설득의 기본도 갖추지 못한 것이다.

매일 전화로 고객을 만나고 설득해야 하는 텔레마케터에게도 말하기에서 상대의 마음을 이해하고 다가가는 것이 얼마나 중요한지를 깨닫게 해주는 부분이다. 내가 가입을 요구받는 입장을 한 번이라도 생각했다면 이런 엄청난 실수를 범하지는 않았을 것이다. 그러니, 역지사지를 늘 마음속에 품고 상대를 대한다면 당신은 전쟁터 같은 비즈니스 현장에서도 백전백승할 수 있을 것이다.

역지사지! 이 사자성어는 굳게 닫힌 상대방 마음의 문도 활짝 열리게 할 수 있는 마법의 주문이 될 것이다.

● 경청

똑소리 나게 말하려면 먼저 잘 들어라

즐비하게 늘어선 학원가에 왜 경청학원은 없을까? 우리나라에 웅변학원은 많아도 경청학원이 없는 것이 못내 아쉽다. 말을 잘하는 것만이 성공할 수 있는 비결이라고 생각하면 이것은 심각한 착각이다! 듣는 연습이 잘된 사람만이 심도 있는 대화를 연결해 나갈 수 있다. 상대방의 이야기만 잘 들어줘도 당신은 이미 뛰어난 화술가이다.

본론을 시작하기 전에, 이 주제와 관련하여 일본경제신문이 일본의 우수 영업사원을 대상으로 벌인 '잘 나가는 영업사원의 화술'이라는 설문 결과를 잠깐 소개하고자 한다.

첫째, 무조건 상대방의 이야기를 듣는다.
둘째, 업무 외 이야기 80%, 일 이야기 20%로 먼저 자신을 좋아하게 만든다.
셋째, 상대방의 연령층에 맞는 말로 이야기한다.
넷째, 좋은 점을 찾아서 칭찬한다. (단, 속 보이는 립서비스(lip-service)는 금물)

그들의 응답은 보통사람들의 예상과는 조금 다른 것 같다. 그렇다. 영업은 잘 이야기하는 것이 아니라, 잘 들어주는 '경청'에서 출발한다. 대화나 설득에서는 경청이 중요하다. 경청이란 상대방의 말을 주의 깊게 듣는 것이다. 양적인 경청이 아니라 질적인 경청을 의미한다. 상대의 말을 모두 들어주는 것도 중요하지만, 그 속에 들어 있는 상대의 의도를 정확하게 인지하고 그 마음을 헤아려 주는 것이 무엇보다 중요하다. 그것이 바로 질적인 경청이다.

왜 질적인 경청을 해야 할까? 상대방이 의도하는 바를 정확하게 알지 못한 채 답을 하거나 이의를 제기한다면 대화가 성립할 수 없고 나아가 오해와 불신이 생길 수 있기 때문이다. 그래서 대화나 설득 과정에서 경청은 우리가 생각하는 것보다 훨씬 더 중요하다. 굳이 고민의 해결책이나 궁금증에 대한 답을 찾아주지 않아도 상관없다. 상대의 이야기를 진실로 궁금해하며 진지하게 듣는 경청 행위를 통하여 내 진심 어린 마음이 청자에게 전달되면 그것으로 충분하다. 그들이 원하는 것 이상을 줄 수 있다면 더없이 좋겠으나, 사실 그들이 이야기를 꺼낸 진짜 이유는 어떤 해결책이나 명확한 답을 듣고 싶어서가 아니다. 그보다는 누군가에게 자신의 고민을 털어놓고 마음이 풀릴 때까지 마음껏 이야기하고, 억울함을 하소연하고, 화를 받아주고, 때론 맞장구치며 자신의 이야기를 들어줄 대상이 필요하기 때문이다. 그뿐이다.

궁금증에 대한 반응도 마찬가지다. 듣고 답까지 제시하여 줄 수 있다면 좋겠지만, 설령 직접적인 도움을 주지 못한다 해도 자신을 위하여 진심으로 경청하여주는 상대가 있다는 것만으로도 행복한 것이 보통 사람들의 심리이다. 그래서 경청은 상대방의 마음을 울려 그의 진실을 털어놓게 하는 묘한 힘이 있다. 그런 과정을 통해 상대방은 자연스럽게 마음을 열고 나에게도 기회를 준다. 내가 한 대로 그 역시도 내 말에 귀를 열고 비로소 공감한다. 동감하면 감동한다. 듣는 사람은 말하는 사람을 통해 배우고 말하는 사람은 들어주는 사람을 통해 치유된다.

　대화법을 이야기하는 중에 잘 말하기가 아닌 잘 들어주기가 중요하다는, 경청의 놀라운 힘에 대하여 아직 공감하지 못하는 분들도 더러 있을 것이다. 사실 나 역시도 '최고의 상담은 듣는 것'이라는 역설적인 말을 선뜻 받아들이기 어려웠다. 상대방의 고민과 어려운 점을 해결해주고 치유해주는 것이 상담으로 알고 있었는데, 입 뻥끗하기 전에 오히려 잘 듣기나 하라니 말이다. 솔직히 처음에는 그 말뜻을 이해하기 어려웠다. 왜냐하면, 상담이란 상대의 고민을 듣고 이해하고 파악한 다음에는 발 벗고 나서서 해결책을 다양한 방법으로 제시해 주어야 하는 것으로 생각했기 때문이다. 그런데 설득에서도 내가 먼저 장황하게 말하는 것보다 더 중요한 것이 경청하는 태도라고 한다. 하나의 주제에 대하여 주관을 갖고 내가 상대의 사고를 서서히 바꾸어 나가는 작업이라고 할 수 있는 설득에서도 역시 경청을 해야 한다.
　그래도 도대체 무슨 말인지 도통 모르겠다고 고개를 젓는 분들이 아직도 계실지 모르겠다. 다시 밝히지만 나도 처음엔 그랬다. 그러니까, 고민이 있는 사람이나 내가 설득해야 하는 상대의 이야기를 듣는 것이 대화와 설득에서 중요하다는 것은 이런 의미이다. 고민이 있는 사람은 굳이 상대방에게서 해결책을 듣는 것을 목표로 하지 않는다. 누군가에게 고민을 털어놓는 것만으로도 고민의 반 이상이 해결된다고 한다. 고민을 말하는 사이 스트레스가 풀리기도 하고, 100%는 아니더라도 스스로 해결책을 어느 정도 알게 된다. 당시에는 감정의 고조로 상황을 잘 보지 못했더라도 말하는 과정을 통하여 좀 더 객관성을 확보하게 된다. 그래서 누가 됐건 고민도 말할 수 있는 상대가 있는 것이 중요하다. 대단한 이력을 가진 전문가인 '누구' 일 필요도 없다. 그저 들어줄 상대만 있어도 그만이고, 대화 가운데 해소될 수 있으면 금상첨화이다. 그래서 상담에서도 듣는 것이 중요하다고 말한다.

설득도 마찬가지다. 내 생각의 범주에 상대방이 들어오게 하고 공감하는 과정이 설득이다 보니 이것 역시 듣기가 정말 중요하다. 상대를 모르고 내 주장만 펴는 것은 설득이 아니라 우기는 것에 불과하다. 즉, 상대가 어떤 생각을 하는지 모르고 내 생각만을 일방적으로 전한다면 과연 설득될 수 있을까?

물론, 아니다. 그러므로 1시간을 대화하면 내 말은 10분 정도로 줄여야 한다. 대화의 주도권을 상대에게 주고 나는 최대한 상대의 말에 귀를 기울여야 한다. 그러면 어떻게 설득해야 할 것인지 답을 저절로 알게 될 것이다. 지피지기면 백전백승이라 하였던가? 상대를 파악하고 나면 훨씬 더 쉽게 상대를 설득할 수 있게 된다. 그래서 혹자는 설득과정을 연애에 비유하나 보다.

연애처럼 설득도 대화를 통하여 상대의 말에 귀 기울임으로써 상대의 생각을 알게 되기 때문이다. 즉 일방이 아니라 쌍방의 소통이다. 대화를 통하여 상대를 알게 되는 것처럼 연애하면 상대방이 어떤 음식을 좋아하는지, 운전할 때의 습관은 어떤지, 왼쪽에서 팔짱을 끼는 것을 좋아하는지 아니면 오른쪽인지, 액션영화나 로맨스 중에 어떤 장르의 영화를 더 좋아하는지 등등의 사실들을 세세하게 알게 된다. 즉 상대방에 대하여 많은 정보를 알게 된다. 시간이 더 지나면 상대방의 생각까지도 읽게 될 것이다. 서로의 생각을 공유하게도 될 것이다. 이렇게 연애의 과정처럼 설득도 전혀 알 수 없었던 상대방을 알게 되고 이후에 내 생각의 범주로 상대방을 포용하게 되는 과정에서 자연스럽게 일어나야 한다. 그래서, 상대방의 이야기를 듣고 상대방을 알 수 있게 되는 시발점인 경청은 대화와 설득에서 가장 중요하다.

그런데 경청의 중요성이 내가 일하는 홈쇼핑 방송에서도 예외일 수는 없다. 아니, 오히려 다른 어느 곳보다 중요하다. 왜냐하면, 홈쇼핑 방송은 단 한 번의 실수도 용납하지 않는 생방송으로 진행되는데다 PD의 실시간 요구에도 부응해야 하고, 함께 진행하는 쇼핑 호스트, 게스트와의 호흡도 고려해야 하기 때문이다. 행여 상대방의 말을 잘 듣지 않아 내용을 놓치거나 잘못 이해하기라도 하면 그야말로 프로그램의 기획의도가 산으로 가는, 웃지 못할 황당한 상황에 봉착할 수도 있기 때문이다. 특히 생방송으로 진행하는 홈쇼핑에서 서로의 설명을 무시하고 듣지 않으면 설명과 설득이 생명인 판매 방송에서 큰 실수가 발생할 수 있다.

우리 회사에도 전설처럼 전해 내려오는 웃지 못 할 방송 사고가 있다. 남녀 호스트 두 명이 굴비판매 방송을 할 때였다. 재치 있는 여자 쇼핑 호스트가 남자 쇼핑 호스트 설명 중에 살짝 끼어들어 갓 구운 굴비의 살을 발라 주면서 "전하, 드시지요." 했다. 그런데 본인의 말에만 열중하느라 상대의 말을 잘 듣지 않고 있던 상대 남자 쇼핑 호스트의 답이 가관이었다. "네? 전화 드시라고요? 아! 주문 전화가 정말 많습니다. 매진되기 전에 얼른 전화 드시기 바랍니다." 하고 어이없는 말을 하여 식은땀을 흘려야 했던 사례가 있었다.

이 정도면 대단한 동문서답 아닌가. 이렇게 듣기에는 실수로 잘 못 들어서 상대의 의도를 왜곡하여 답하게 되는 경우가 종종 있을 수 있기 때문에 듣는 것은 스피치에서 정말 중요한 부분이다. 홈쇼핑은 판매와 설득이 뒤섞인 채 생방송으로 진행되기 때문에 경청이 더욱더 중요하다. 어쨌든 말이 많아진다 싶으면 말하기의 기본, 경청을 머릿속에 바로 떠올려라.

● 스타트

매력적인 오프닝으로 시작하라

영화마케팅에서 개봉 첫 주가 영화의 흥행을 결정하고 영화에서 첫 5분이 중요하듯, 드라마의 첫 편이 전편의 시청률을 좌우하듯, 사람의 만남에서 단 2초 만에 결정되는 첫인상이 상대에 대한 이미지와 호감도를 결정하듯, 당신의 말하기도 처음 한마디가 중요하다. 첫 단추를 잘 끼워야 하듯 신중하게 입을 떼라. 말은 되돌릴 수도 없다. 무엇을 하든 시작은 중요하다. 오프닝은 생명이다. 생명인 오프닝 살리기에 고민하고 또 고민하라.

"시작이 반."이라는 옛말이 있다. 무슨 일이든지 시작하기가 어렵지 일단 시작하면 일을 끝마치기는 그리 어렵지 않음을 비유적으로 이르는 말로, 시작하지 않으면 아무것도 이룰 수 없으므로 무언가를 이루기 원한다면 어찌 됐든 시작하고 봐야 한다는 의미이기도 하다. 모든 성공에는 첫걸음이 있다. 첫 삽을 뜨기가 어렵지 일단 첫 삽을 뜨면 일사천리라는 말은 시작의 중요성을 언급한 부분이라 하겠다.

그런데 말하기에도 이 속담을 적용할 수 있지 않을까? 학교 다닐 때도 첫 시험에서 1등을 한 친구가 몇 번 1등을 놓쳐도 늘 1등인 것 같은 착각이 드는 것, 1등은 기억해도 2등은 기억 못 하는 것, 스포츠에서도 금메달은 기억하지만 은메달과 동메달은 기억하기 어려운 것, 특히 아무리 메달을 많이 따도 첫 금메달만큼은 기억하는 것, 아폴로 11호로 인류사상 최초의 달 착륙에 성공한 첫 주자 닐 암스트롱은 기억해도 두 번째, 세 번째 인물은 기억하기 어려운 것. 이 예들은 최고 아니면 최초여야 우리 인간에게 기억된다는 사실을 잘 보여준다. 여기에서 최고와 최초는, 이 주제에서 말하는 '처음'과 일맥상통하는 단어로 볼 수 있는 만큼 '처음'이 우리에게 중요하다는 의미이다. 그래서 처음이 중요하다.

이렇게 거창한 이야기가 아니더라도 일상에서 어렵지 않게 처음이 중요하다는 것을 마케팅 현장에서 실전으로 경험할 수 있었다. 나는 2002년까지 국내 굴지의 대홍기획이라는 광고회사에서 AE로 광고대행사와 광고주 사이의 연락 및 기획업무를 담당하는 대행사의 책임자로 광고기획 업무를 담당했다. 그때 담당했던 광고주는 영화배급사로 미국계 회사였다. 상황에 따라 다양한 접근이 필요한 것이 마케팅이기 때문에 마케팅이 어떤 정형화된 틀을 갖고 있지는 않다고 하더라도, 영화마케팅은 기존 다른 영역의 마케팅과는 차원이 달랐다. 영화마케팅은 일단 가장 짧은 시간에 승부수를 띄워야 하고 마케팅 기간 중 처음이 상당히 중요했다. 왜냐하면, 도심 곳곳에 다수의 상영관이 한 건물에 모여 있는 극장인 복합상영관(멀티플렉스)의 형태가 많아지면서 영화 간 경쟁이 훨씬 치열해졌기 때문이다. 즉 멀티플렉스 안에 많은 개봉관이 있기는 하나 흥행에 성공한 몇 편의 영화만이 집중적으로 다수의 개봉관에서 상영되는 이유에서이다.

특히 개봉 첫 주의 주말 성적으로 앞으로의 상영기간이 결정되기 때문에 한 편의 영화를 제작하는 것 이상으로 광고제작과 마케팅에도 사활을 걸어야 한다. 첫 주말 이틀의 성적이 좋지 않으면 몇 개월에 걸쳐 애써 만든 공든 탑,

수십억, 수백억 하는 영화도 극장에서 바로 내려야 하는 게 냉정한 영화산업의 현실이다. 이러니 개봉 2주 전부터는 모든 마케팅 자원을 집중하여 총력전을 다해야 한다. 보통 오프라인에서 온라인까지, 다양한 마케팅 수단을 동원해서 영화를 최대한 홍보한다. 첫 주의 관람객 수가 전체 관람객 수와 앞으로 예매율에 엄청난 파급효과를 미치는데다 영화 홍보에도 관련된 부분이기 때문에 신경을 쓸 수밖에 없다.

처음의 중요성을 이야기할 수 있는 사례가 비단 영화마케팅만은 아닌 것 같다.

사람의 첫인상이 중요한 것처럼 제품도 첫 느낌이 중요하다. 첫인상이 좋으면 행여 나중에 잘못하더라도 실수인 양 대충 넘어가기도 하고, 제품도 첫 느낌이 좋으면 이후 약간의 문제나 이상이 발견되어도 인심 좋게 몇 번은 넘어가 주는 게 인지상정이다. 처음이 주는 강력한 요소가 있기 때문이다. 어떤 대상이나 사람에 대한 일반적인 견해가 그 대상이나 사람의 구체적인 특성을 평가하는 데 영향을 미치는 현상, 일명 후광효과를 무시할 수 없기 때문이다. 좋은 평판을 얻은 사람이 한 번의 실수나 사소한 잘못으로 이미지가 실추되지 않는 것은 바로 후광효과 덕분이다.

반대로, 처음부터 이미지가 좋지 않은 사람이라면 별것 아닌 실수에도 수습하여 볼 겨를이 없다. 해명할 충분한 여지나 시간도 주지 않고 곧바로 "그 사람 그럴 줄 알았어."라는 부정적인 반응을 보인다. 그래서 어떤 이미지를 주는지가 매우 중요한데 그 이미지의 많은 부분을 처음이 결정한다는 점이 무엇보다 중요하다. 음식점도 마찬가지다. 어떤 음식점에 처음 방문했을 때 맛이 상당히 좋았는데 다음에는 맛이 없으면 오늘은 내 입맛이 별로인가 하며 내 탓으로 돌리기 쉽다. 첫인상이나 첫 경험이 좋지 않았다면 이렇게까지 후한 점수를 주지는 않을 것이다. 그래서 처음이 중요하다. 첫 단추를 잘 못 끼우고서는 옷을 잘 입을 수 없다. 첫인상이 좋지 않게 기억되었다면 좋은 이미지로 되돌리기는 쉽지 않다. 이러한 진리는 물론 말하기에도 그대로 적용된다.

이미 아실지도 모르지만, 방송 프로그램을 만들고 진행하는 사람들이 가장 신경을 많이 쓰는 부분이 바로 방송 프로그램의 처음, 시작을 알리는 오프닝이다. 홈쇼핑도 물론이다. 시청자와의 첫 만남이 오프닝이어서 매우 신경이 쓰인다. 그래서 의미 있는 한 두 마디의 오프닝 인사를 위해 항상 고민한다. 그날 오프닝 진행이 매끄러우면 사실 그다음부터는 청산유수이다. 한마디로 잘 풀린다. 아마 시청자의 관점에서도 마찬가지일 것이다. 진행자나 출연자가 싱거운 내용, 의례적이거나 상투적인 이야기로 방송을 시작하면 또 그 이야기다 싶어 처음부터 싫증이 나서 채널을 돌릴 것이다. 매일 생방송으로 진행하고 하루에 두 번 방송할 수도 있는 홈쇼핑 쇼핑 호스트에게는 바로 그 싫증에 대한 스트레스가 꽤 크다.

그래서 늘 가장 많이 신경을 쓰는 부분도 오프닝이다. 쇼핑 호스트도 정말 할 말이 없으면 날씨 이야기로 오프닝을 하는 경우가 많다. 그런데 홈쇼핑 채널은 하루에도 열 명이 넘는 쇼핑 호스트의 방송이 이어지다 보니 습관적으로 생방송을 가장 실감 나게 반영할 수 있는 날씨 이야기를 주로 하기 마련이라 오프닝이 별 특색 없이 이어질 때가 종종 있다. 그래서 회사의 윗분들이 우리 회사 오프닝을 보면 기상방송인지 홈쇼핑방송인지 모르겠다고 우스갯소리를 한 적도 있다. 어쨌든 오프닝에서의 첫 한마디에 따라 시청자를 텔레비전 앞에 붙들 수도 있고 채널을 돌리게 할 수도 있다. 더욱이 매력 있는 오프닝은 판매율에도 직·간접적으로 영향을 줄 수 있기 때문에 매우 중요하다. 소비자의 편견을 만들기도 하고 그에 따른 자극과 반응을 보이게도 하는 첫인상인 오프닝의 중요성은 더는 말이 필요 없다. 그런데 아무리 내용이 좋아도 대화가 별다른 구성없이 평범한 설명식이라면 재미없다. 시청자의 호기심을 자극하고 궁금증을 유발하는 설명을 시기적절하게, 적재적소에 사용해야 한다. 궁금하면 관심 두게 마련이다.

이런 호기심 끌기 대화 방식은 방송만 아니라 친구들과의 1:1 대화에서도 인기가 좋다. "너 그 이야기 들어봤어?" 하는 궁금증 유발 멘트로 시작하면 웬만한 친구들의 시선을 끌 수 있다. 아마 "뭐야 뭐야."하면서 대개 관심을 보일 것이다. 그 이후에는 준비한 이야기를 해나가면 그만이다. 그다음부터는 별 어려움 없이 내 이야기를 술술 풀어갈 수 있을 것이다. 이 밖에도 강의실, 영업현장, 텔레마케터의 전화 상황에서도 첫 한마디는 매번 성패를 좌우하는 중요한 열쇠가 될 것이다.

그렇다면, 많은 사람의 관심을 이끌어 낼 수 있는 오프닝은 어떻게 준비해야 할까?

일단 내 이야기를 듣고 있는 마케팅 타깃(대상)인 청중을 분석해야 한다. 관심사는 무엇이고 수준은 어느 정도인지 어떤 사람으로 구성되어 있는지에 대한 접근이 중요하다. 적을 알아야 백전백승할 테니까. 하지만, 선거철이 아닌 이상 정치 이야기는 골칫거리일 뿐 주부들의 관심사에서 거리가 멀다. 무거운 이야기보다는 누구나 호기심 가질 만한 가벼운 주제로 가볍게 시작하는 것이 효과적이다.

연예인의 뒷말이나 스포츠 이야기도 좋다. 이효리가 인기면 효리 이야기로, 김연아의 피겨 연기 혹은 박지성의 축구로 시작하여 상대방의 마음을 살짝 열어주는 것도 좋다. 이렇게 가벼운 주제로 말을 시작하는 것은 식사 전 애피타이저나 본격적인 운동 전의 몸풀기와 다를 게 없다. 그렇게 일단 주위의 관심을 끌고 본론으로 들어간다. 그래서 말하기가 직업인 사람들은 매력적인 오프닝을 위해서라도 상식에 늘 관심을 두고 다양한 자료를 열심히 모아야 한다. 그렇지 않으면, 그 누구도 원치 않는 무관심한 정치 이야기로 오프닝을 하는 큰 실수를 저지르게 될지도 모른다.

인터넷 포털 사이트에서 기사검색을 할 때도 마찬가지다. 머리기사만 보고 내용을 보는 경우가 대다수이다. 그래서 많은 언론사가 좀 더 자극적인 제목으로 첫 줄을 뽑으려고 한다. 그런데 만약 "장동건 고소영 결혼 직전…"이라는 궁금증 유발 머리기사였다면 어떠했을까? 아마도 대다수의 독자는 호기심에 못 이겨 클릭해 들어갈 것이다. 파경이란 이야기인지 속도위반 했다는 건지, 도대체 무슨 일이 있었는지 헤드라인 이후의 기사가 궁금하다. 그런데 막상 별 내용 아닌, 모 씨에게 주례 청탁(?)이라는 실망스러운 기사라도 이어지면 맥이 빠지고 배신감을 느낀다. 어찌 됐든 많은 사람의 관심을 끌고 클릭 수를 올렸다면 마케팅 측면에서는 성공이다. 이처럼 포털 사이트의 뉴스에서도 머리기사에 따라 전체 내용에 관심을 두느냐 마느냐 하는 것이 현실이니, 우리의 말하기에서도 오프닝 혹은 첫 내용이 중요하다! 그래서, '처음'에 주목할 만한 관심 끌기로 말하기를 시작하는 것은 중요하다. 이제 후광효과 하나면 처음의 중요성을 설명하기에 충분하리라 믿는다.

● 친밀감

어떻게 하면 낯선 사람과 쉽게 말할 수 있을까?

사람들은 공통점에 약하다. 서로 공통분모가 있다면, 대개 그에게 친밀감을 느낀다. 좋은 대화는 친밀한 대화다. 부정적인 단어사용이나 내가 할 말만 하는 일방적 대화는 금물이다. 더군다나 낯선 사람과 만나서 대화를 나눠야 하는 상황이라면 더더욱 신경을 써야 한다. 사람들은 친밀감을 원한다. 온화하게 미소 지은 얼굴에, 사랑과 진심이 담긴 존중하는 말투와 긍정적인 마음가짐. 무엇보다 편안한 느낌이 드는 게 우선일 것이다.

오늘날, 가족이라는 울타리의 의미가 점점 빛을 잃어가고 있다. 위로받을 수 없어 가족 안에서 더더욱 고독하고 외로운 '가족 속의 고독'을 실감한다. 사실, 살 붙이고 사는 부부나 가족끼리도 마음속 깊이 품은 생각인 흉금(胸襟)을 터놓고 말할 기회가 많지 않은 게 우리네 모습이다. 특히, 요즘 자녀는 사교육으로 바쁘거나 게임 등 자극적인 영상과 첨단 정보통신에 온통 마음을 빼앗기고, 본인의 관심사가 아니면 좀처럼 대화에 참여하려 들지 않는다. 대화가 점점 줄어들다 못해 단절된 가정들도 나타나고, 가족은 밖에서 더 많은 시간을 함께 보내게 되는 직장 동료나 친구보다 못한 존재가 되기도 한다. 대화가 거의 없다 보니 한집에 산다고 해도 가족에 대한 이해가 턱없이 부족하다. 슬프지만 솔직히 고백하면 한 공간에 있을 뿐 서로 잘 모르고 사는 게 우리의 현실인 것 같다. 가족 간에도 마음을 닫고 있기 때문이다. 이러한 우리의 세태를 잘 꼬집고 있는 책이 있다. 도시적 감수성의 작가 정이현의 미스터리 장편소설 〈너는 모른다〉이다. 그녀는 이 책을 통해서 인간관계의 본질을 탐색하며 "현대의 삶 속에서 가족이란 무엇인가?"라는 질문을 현대를 사는 우리에게 던진다. 작가는 또 가족 구성원의 한 사람으로서 우리에게 묻는다. 나는 너를, 너는 나를 얼마나 아는가를.

이런저런 이유로 찾아온 대화의 단절이 심각한 수준에 이르렀다.
오죽하면 한동안 가족 간 대화를 촉구하는 기사가 온 지면과 방송, 인터넷 등의 매체를 뜨겁게 달구었을까. 가장 가까운 사이라는 가족 간에도 이렇게 말을 주고받기가 좀처럼 쉽지 않은데, 생판 모르는 사람과 대화하고 설득까지 한다는 게 과연 가능한 일일지 생각하는 사람들이 많을 것이다.
하지만, 하늘이 무너져도 솟아날 구멍은 있다고 했듯이 다행히 한국인의 특성으로 볼 때 불가능한 일만은 아니다. 일단 우리나라 사람들은 누군가를 처음 만나면 덮어놓고 이름(아마도 성씨와 본을 물어보는 것일 게다.)과 고향, 학교, 이 세 가지부터 확인하고 본다. 이 땅에서 혈연·지연·학연으로 얽힌 연결고리를 찾기 위함이다. 결국, 이 질문은 상대방과 자신의 전통적 연고를 파악하는 구실을 한다. 우리나라는 세 사람만 걸치면 아는 사람이라는 말이 바로 이런 족보 따지기 관습 때문에 가능한 것이 아닐까 싶다. 개인주의 문화가 발달한 서구에서는 인간관계가 개인적 매력이나 능력을 바탕으로 형성되지만, 우리와 같은 동양적 정서에서는 혈연·지연·학연의 연고에 의해 관계가 사전에 어느 정도 형성된다고 할 수 있다. 그래서 학교 동문임을 알게 되면 닫았던 마음의 빗장을 열고 대하는 경우를 심심찮게 본다.

우리나라에서는 생면부지의 두 사람이 만나도 위의 셋 중 한 가지만이라도 통하는 사실이 발견되면 즉시 친밀한 관계를 형성한다. 예를 들어, 사업상 만나게 된 사람이라도 학교나 고향 선후배라는 사실이 밝혀지면 그 자리에서 즉시 사업상 공식 직함에서 바로 형님, 동생으로 호칭을 바꾸어 부르며 멀찌감치 떨어져 있던 관계의 거리를 좁힌다. 그래서일까? 우리나라에는 유독 종친회, 향우회, 동문회 모임이 많다. 처음 보는 사이라도 고향이 같으면 오랜 친구처럼 금방 가까워지는 이유도 고향에 대한 향수같은 정서를 공유하고 있다는 친밀함 때문이다.

특히 학연에 연연하게 된 배경은 학력이 신분상승의 주요수단으로 작용하는 사회적 분위기와 밀접한 관계가 있다. 사실 종친회와 동문회 모임을 통해 만들어진 인맥은 실제로 우리나라를 움직이는 보이지 않는 손이 되고 있다.

한 온라인 채용 업체가 정규직 취업에 성공한 졸업 예정자 1,036명을 대상으로 한 설문조사 결과, 전체 네 명 중 한 명꼴인 23.7%, 약 250여 명의 인원이 친인척이나 지인의 소개로 취업에 성공했다고 한다. 현실이 이렇다 보니 인맥의 중요성은 더 말할 나위가 없다. 어쩌면 개인적 능력 이상으로 우리 사회에서 필요한 것이 오히려 배경 좋은 든든한 인맥일지도 모르겠다는 생각을 하니 씁쓸하다.

우리는 이런 인맥을 필요악이라 부른다. 왜냐하면, 부탁하고 설득하는 견해에서라면 인맥을 활용하면 할수록 좋겠지만, 반대로 청탁을 받고 설득을 당하는 쪽에서는 불편하기 그지없는 것이 바로 이런 연줄, 인맥이기 때문이다. 그래서 요즘, 아는 사람을 통한 청탁의 고리를 끊으면 정의로운 사회가 될 수 있다는 현실을 반영한 광고가 나오는지도 모르겠다. 그렇다고 좋은 인맥을 눈앞에 두고도 오직 내 실력만으로 맞서겠다며 도움의 손길을 뿌리치기에는 솔직히 지푸라기라도 잡고 싶은 사람으로서는 일의 결과에 따라서는 조금 아쉬울 수도 있을 것 같다.

일상의 이야기를 하건 비즈니스를 하건 낯선 사람과 대화를 쉽게 풀어 가려면 서로의 공통분모를 찾는 일이 가장 중요하다. 낯선 사람의 마음을 열고, 대화하고, 관계를 맺기 위하여 구태의연하게 혈연·지연·학연에 너무 연연하지 마라. 그렇게 맺은 인연은 사적인 친분으로 남겨두어도 충분하다.

진정한 비즈니스를 원한다면 상대방과의 공통점을 찾아라! 그리고 거듭되는 만남으로 '한 번 만나도 오래 만난 사이처럼…' 친밀하게 다가가고 친숙해져라.

마음을 다해 섬겨라. 그러면 길이 열릴 것이다.

● 다양성

한 가지 주제라도
다양한 관점에서 풀어라

한 가지 재료로도 여러 가지 요리를 만들 수 있다. 같은 재료인데도 이용하기에 따라 다른 맛, 다른 느낌이 들 수 있다. 그리고 무엇보다 중요한 것은 그 요리를 만드는 사람이 누구냐에 따라, 그의 손맛에 따라 재료의 쓰임새나 맛은 얼마든지 달라질 수 있다는 사실이다. 이것은 요리 레시피(recipe, 요리법)에만 해당하는 이야기가 아니다. 말도 마찬가지다. 맛깔스럽게 이야기하고 싶은가? 한 가지 말이라도 다양한 관점에서 이야기할 수 있으려면 스토리텔링(storytelling) 능력을 키워야 한다. 어떤 소재나 주제를 만나든 다양한 시각에서 풀어갈 수 있어야 한다. 그런 훈련이 우리가 사는 언어 홍수의 시대에는 더욱 절실하다.

지금은 커뮤니케이션 과잉 세상이다. 하지만, 답답한 것은 커뮤니케이션 과잉 사회에서 정작 커뮤니케이션이 제대로 이뤄지지 않고 있다는 사실이다. 전달자는 많고 전달하는 내용은 점점 많아지지만 아이러니하게도 수용자와 수용하는 내용은 오히려 줄어들고 있다고 한다. 어떻게 하면 낭비하지 않고 올바로 소통할 수 있을까?

상대가 원하는 바를 꿰뚫어 보는 통찰력이 있어야 한다. 그러기 위해선 '포지셔닝'을 알아야 한다. 마케팅에 등장하는 '포지셔닝'(positioning, 차별화)이라는 용어의 의미를 이해해야 커뮤니케이션을 효율적으로 할 수 있다. 따라서 '포지셔닝'이 무엇인지부터 짚고 넘어가야 한다.

간단히 말해 '포지셔닝'이란 잠재 고객의 마인드에 해당 상품의 위치를 잡아주는 것이다. 같은 음료라 하더라도 식사 후 먹기 좋은 음료로 할지, 건강을 생각한 웰빙 음료로 소구할 것인지를 결정하는 것도 포지셔닝 전략에 해당한다. 당시 사회적 트렌드, 제품 소비대상(target, 타깃)의 상황, 상품의 특징 및 장점을 소비자에게 어떻게 어필할 것인지를 결정하는 것이라고 할 수 있다. 그런데 포지셔닝의 대상은 제품만이 아니다. 기업, 국가, 서비스, 자신과 자신의 경력, 은행, 교회 등도 포지셔닝을 통해 더 나은 성과를 보이고 있다.

마찬가지로 말하기에서도 포지셔닝(차별화) 전략을 적용할 수 있다.

하나의 주제라 하더라도 시대적 상황과 주어진 환경에 따라 논점이 달라질 수 있기 때문이다. 기업이 상품을 통해 잠재 고객의 마음속에 '포지션'을 창조하듯 상대의 마음에 당신을 '포지셔닝'하라. 당신이 들려주고 싶은 이야기를 '포지셔닝'하라. 요즘의 추세 즉, 사회 동향을 반영하여 주제를 풀어가는 방법이 있을 수 있다.

예를 들어, 최근에는 웰빙(참살이) 건강식에 대한 관심이 많다 보니 자신의 건강을 생각하는 사람이 많다. 이러한 소비자에게 두유를 소개한다고 하자. 사실 불과 몇 년 전만 하더라도 두유에 대한 소비자의 인식은 별로 비중이 없었다. 자주 찾는 상품이라거나 관심 있는 제품이 아니기 때문이다. 어쨌든 맛은 별로 없지만, 건강에 좋은 콩으로 만든 것이니까 몸에는 좋겠지 싶어 병문

안을 갈 때 환자 선물용 정도로나 찾았던 것이 두유였을 것이다. 그런데 지금은 우리 식생활에 변화가 생기다 보니 단돈 천 원을 주고 음료 한잔을 구매해도 열량이며 비타민 함량이며 영양성분을 따지고 먹는 것이 현대인들의 소비습관이다. 이런 그들에게 자연의 콩밭에서 따온 콩을 주원료로 한 두유라고 한다면 일단 귀가 솔깃할 것이다. 그리고 건강에 민감한 사람들에게 두유는 밭에서 나는 소고기라고 불리는 콩 속에 들어 있는 단백질 등의 영양성분 탓에 건강식을 대변하는 웰빙 음료라는 인식을 심어줄 수 있다. 한 술 더 떠 여기에 유기농이라는 단어까지 들어간다면 확실한 건강식품이 될 것이다.

이렇게, 차별화 전략에 제품을 구매하는 소비자들의 시대적 인식변화를 반영한 접근이 있을 수 있다. 같은 제품이라도 말하기에 따라, 말하기의 포지셔닝 전략에 따라 맛없는 두유에서 내 몸의 건강을 위한 웰빙 음료로 탈바꿈할 수 있다. 제품 타깃에 따라 마케팅 포인트(소구점: 광고 캠페인에서 상품이나 서비스의 특질 중 소비자에게 가장 전달하고 싶은 특징)를 달리해야 한다.

소비자가 가장 듣기 원하는 답을 들려주어라. 소비자의 가려운 곳을 속 시원하게 긁어주면 그뿐이다. 방송에서 시청자가 궁금해 하고 보고 싶어 하는 것을 제공하면 시청률을 높일 수 있는 것처럼. 시청자의 가려운 곳, 궁금증을 해결해 주듯, 제품 마케팅뿐만 아니라 스피치 마케팅에서도 소비자와 대화상대의 가려운 곳을 긁어주어라.

맞벌이로 바쁘게 살아가는 부부가 있다. 바쁘게 하루를 시작해야 하는 이들 부부는 아침에도 1분 1초를 다툰다. 아침을 챙겨 먹고 출근하는 건 거의 불가능한 일이다. 그렇다고 남편에게 냉수 한잔 먹여 출근시키고 마음 편할 여자는 없다. 그럼 무엇으로 그녀의 미안함을 대신할 수 있을까?

많은 간편 건강식이 있겠지만, 만약 두유가 있다면 어땠을까? 만일 이 맞벌이 부부를 대상으로 말한다면 두유는 이런 제품으로 바뀔 수도 있을 것이다. 아내 입장에서 두유란 아침 식사 대용으로 간편하게 먹으면서 건강까지 챙길 수 있는 식품이다. 그야말로 바쁜 이들에게 두유는 꿩도 잡고 알도 먹는, 바쁜 아침 시간 손쉽게 건강도 챙길 수 있는 건강 간편식이다.

앞서 말한 웰빙 식품에서, 이번의 맞벌이 부부 경우에는 포지셔닝 전략에 따라 한 가지 내용을 더 추가한 건강 간편식으로도 두유를 말할 수 있다. 대상이 누구인가에 따라 주제를 바라보는 관점의 다양화, 스피치 마케팅이 이루어진 것이다. 맛과 기능이 절묘한 건강식에다 심지어 보관도 편하다는 점이 두유에 대한 요즘 사람들의 시각이다. 같은 제품인데도 마케팅의 포지셔닝 전략에 따라 커다란 인식 변화를 가져왔다. 이제 두유는 콩과 물의 배합이 절묘하여 콩 본연의 맛도 살려주면서 영양가도 고려한 음료로 통한다. 그리고 팩으로 제조되어 간편하게 먹을 수 있고 보관도 쉽다. 심지어 오랫동안 보관이 가능해 한꺼번에 살 수도 있고 상하지 않을까 걱정할 염려도 거의 없다.

따라서 제품의 장점 중 보관이 편리하다는 점을 강조할 필요가 있다. 보통 건강식품 하면 장기간 보관이 가능할지 보관에 신경을 많이 써야 하는 건 아닌지 스트레스가 있기 마련인데, 시중에 판매되는 두유는 테트라 팩에 담아 장기간 편하게, 게다가 먹기 좋게 적당량으로 개별 포장해 보관할 수 있다는 것도 상대에게 호감을 살만한 내용이다.

두유의 여러 가지 차별화 전략 관점 중 마지막으로 '구매조건'의 시각으로 접근해 보자. 슈퍼마켓에서 오늘 잠깐만 한시적으로 저렴한 가격에 제공하는 반짝 혜택 제품은 일반적으로 잘 놓치지 않으려는 게 사람의 심리이다. 그래서 가격 조건이 좋으면 평소에 비싸다는 이유로 또 낯설다는 이유로 안 사던 물건도 관심을 두고 들여다보고 사게 된다. 평소 두유 1박스에 10개 추가 구성이었던 제품을 오늘은 20개로 추가 구성한다면 구매할 이유가 명확해진다. 이미 두유 한 팩이 가진 건강에 유익함·간편함·보관상 편리함의 장점을 모두 알고 있는 상대라면 좋은 구매 조건이라는 명분만을 제시하며 접근하는 것이 가장 효과적일 것이다.

이상 두유라는 동일 상품을 상업적 측면에서 네 가지 관점으로 살펴봤다.
첫 번째는 시장의 눈을 통해 본 경우이다.
시장 속에서 변화하는 소비자의 인식 즉, 웰빙을 반영한 제품이 두유라는 것이다.
두 번째는 소비자의 바쁜 일상 즉, 생활방식을 통해 접근했다.
살림만 하는 여성이 아니라 일하는 여성의 경우엔 남편과 한가하게 아침을 챙겨 먹고 출근하기는 어렵다. 이런 사람에게는 두유가 간편한 영양식이라는 포지셔닝을 할 수 있다. 더불어 콩이 주는 건강함까지 아우른다면 간편함과 건강을 동시에 챙길 수 있어 일거양득이라고 스피치 마케팅을 할 수 있다.
세 번째는 상품 자체를 논한다.
그런데 상품에는 장점도 있고 단점도 있을 수 있다. 물론 상대가 매력적으로 느낄 수 있는 장점을 최대한으로 설명하는 것이 중요하다. 그렇다고 너무 장점만 내세우는 것은 상대에게 진정성을 의심받을 수 있다. 단점도 설명하되, 단점을 단점으로 끝내는 것이 아니라 설득할 수 있는 단점으로 승화시켜야 한다. 지금껏 설명한 두유에는 주관적인 부분이 있긴 해도 맛의 측면에서 단점이 있다고 할 수 있다. 그러나 좋은 약이 입에 쓴 법이라는 옛말처럼 건강에 더 초점을 맞춘다면 맛이라는 영역은 소비자가 두유를 고려할 때 상대적으로 약해질 수 있는 논점이 될 수 있을 것이다.

마지막으로 홈쇼핑적 시각을 가져왔다.

두유에 대해 충분히 알지 못하는 사람에게 새로운 뉴스를 전달하지 못한다면 모든 것이 귀에 거슬리는 이야기가 될 것이다. 그런 사람에게는 다른 관점보다 지금 왜 다량으로 구매해야 하는지에 대한 시각을 열어주는 것이 가장 좋은 방법이다. 대상에 따라 접근법과 스피치가 달라져야 한다. 이것이 스피치 마케팅을 해야 하는 이유이다.

이렇듯 우리의 말하기는 접근하기 나름이다. 우선은 이야기해야 할 제품이나 대상에 대한 통찰력, 주제를 볼 줄 아는 눈이 필요하다. 그런 다음, 상대방에게 맞는 스피치를 구사해야 한다. 여러 가지 관점 중 상대가 원하는 관점을 캐치하여 그 사람의 시각에서 이야기를 던져 주어야 한다. 남이 생각지 못한 다양한 시각, 다양한 관점에서 주제를 풀어갈 수 있다면 분명히 훌륭한 대화를 이끌어 낼 수 있을 것이다. 시장의 동태를 예의주시하고 소비자가 어떻게 생각을 바꾸고 있는지에 눈과 귀를 활짝 열어라. 그 후, 머리로 분석하여 소비자의 생각을 정확하게 읽어라. 대화하건 설득하건 좀 더 유리한 고지에서 효율적인 방법으로 상대방에게 다가갈 수 있을 것이다. 그리고 이런 말하기 습관을 키워나간다면 팔색조 같은 이야기로 상대방에게 지루함 없이 내 의도를 정확히 전달할 수 있으리라.

> 어떤 주제를 주든 맛깔난 말을 만들고 뒤죽박죽 버무려진 이야기도 맛있게 풀어낼 줄 아는 언어의 요리사, 일상 언어를 마법 언어로 만드는

묘한 재주가 있고 내뱉는 말마다 주옥같은 명대사를 만들어내는 언어의 마술사, 거친 언어도 정교한 언어로 다듬어 내고 적재적소에서 필요한 말들을 찾아 쓰는 언어의 연금술사. 당신이 원하는 것은 무엇인가?

● 리얼

생생한 언어로 리얼하게 말하라

각종 텔레비전 프로그램에서도 리얼(사실)이 대세이다. 이쯤 되면 당신도 말할 때 솔직하게 말하는 센스를 발휘해야 성공할 수 있다. 솔직하고 화끈하게, 실감 나고 진실하게 이야기하자. 실수하면 인정하되, 기죽지 말고 당당하자. 그러나 어떤 순간에도 유쾌함과 예의를 잃지 말자. 그저 자신의 이익만을 위한 달콤한 말은 하지 않느니만 못하다. 이것만은 꼭 기억하자. 당신이 말한 것이 진실이어야 하고 또한, 그럴듯하게 들려야 한다는 사실을.

생생한 불륜 현장을 보도한 미국의 리얼 엔터테인먼트 쇼가 화제에 올랐던 적이 있다. 그 영향으로 국내에서도 유사한 프로그램들을 만들어 많은 관심을 끌었는데, 케이블방송의 한 신생 채널은 유사 형식의 리얼 프로그램 제작을 통해 해당 방송사를 알리는 역할을 톡톡히 했다. 매우 일관성 있게 그 방송국은 웬만하면 사실에 기초한 리얼 프로그램만을 만들고 있다. 요즘도 〈남녀탐구생활〉 프로그램으로 리얼의 혈통을 여전히 이어오고 있다.

케이블 방송사의 프로그램 시청률이 1% 나오기도 어렵고, 오르기도 어렵다고 하는 악한 상황에서, 왜 그렇게 오랫동안 변함없는 인기를 누리며 끊임없이 회자되고 엄청난 시청률을 기록할 수 있는지 매우 놀랍다. 그런데 그 이유는 시대의 흐름을 보는 눈, 통찰력이 있기 때문이다. 리얼이 요즘의 대세임을 알기 때문에 그 케이블 채널은 사실을 소재로 한 방송만을 고집하는 것이다. 이것이 시대적 흐름이다 보니 지상파 방송사에서도 각종 리얼 프로그램을 인기리에 제작 중이다. 매회 뜨거운 시청률을 기록한 〈무한도전〉이나 〈남자의 자격〉, 〈1박 2일〉이 리얼 버라이어티 쇼 프로그램의 대표적인 예이다. 어디 그뿐인가? 여전히 다양한 아류작이나 더 발전된 프로그램들이 꾸준히 소개되고 있다. 이러한 리얼 프로그램의 인기 이유가 무얼까?

진솔하게 방송하기 때문이다. 방송이라면 잘 다듬어지고 예쁘게 포장된 것으로만 알던 대중에게, 그동안 시도하지 않았던 다소 거친 듯 걸러지지 않은 내용을 가식 없이 쏟아낸 점이 신선하게 다가왔기 때문이다. 게다가 우리 안에는 남의 뒷말을 하거나 소문 듣기를 은근히 즐기는 경향이 있는데, 사실 방송이 그것을 전략적으로 잘 건드려 준 것이다.

이렇게 직접적이고 리얼한 화술이 일상적인 상황에서도 위력을 발휘할 때가 있다. 소위 먹힐 때가 있다. 그렇다면 이런 솔직·화끈한 화법이 누구에게 필요할까? 아마도 판매직에게 가장 필요할 것이다.

"정말 잘 어울리네요. 손님한테는 안 어울리는 색상이 없네요."라고 칭찬만 늘어놓는 점원에게는 왠지 거부감이 생긴다. 날 위한 진심이 아니라 본인의 매출을 위한 속셈이 빤히 보이기 때문이다. 그래서 내 얼굴색이라든가 머리 모양, 입고 있는 패션스타일을 보고 난 후에 모든 것을 고려해서 권유하는 센스 있는 사람한테 신뢰가 더 간다.

예를 들어, "고객님은 실제 나이보다 젊어 보이니까 나이에 맞는 올드한 스타일보다는 요즘 유행하는 색으로 좀 원색계열로 화사하게 입어 보시는 것이 어떨까요? 오늘 입고 오신 옷도 비슷한 느낌이라 갖고 계신 옷이랑 연출해서 입기 편하실 것 같고, 운전을 하시고 좀 활동적이시면 소재도 신축성이 좋은 이런 소재가 훨씬 편하실 테고, 피부색이 화사하니까 어두운색이나 무채색 계열은 피하시는 게 좋겠네요."라는 점원의 말에 더 믿음이 가지 않을까? 의례적인 이야기로 무조건 다 잘 어울린다는 이야기를 늘어놓는 점원을 보면 정말 구매하기 싫어진다. 자신의 판매실적에만 급급한 점원의 심리가 구매자의 속을 불편하게 만든다. 차라리 후자처럼 친구에게 하듯 솔직하면서도 기분 좋게 권해준다면 훨씬 더 설득력이 있을 것이다. 솔직하고 리얼한 설득력에 믿고 사게 되고 어느새 단골이 될지도 모른다.

사실 나 역시도 리얼 방송의 대표주자 중 한 사람이다.

홈쇼핑에서 최근의 추세인 리얼리즘을 살리기 위하여 실제 주부 중 시청자 의견을 대변하여 줄 '주부 9단'을 선발했다. 이들 주부 9단과 함께하는 〈똑소리 살림법〉이라는 프로그램으로 새로 단장하고, 시청자의 처지를 대변하는 그들의 솔직한 이야기를 들어보기로 했다. 그러나 문제가 생겼다. 초보 출연자인 주부 9단이 생방송에 대한 부담감 때문에 불안했던 모양인지 대본대로만 진행하는 바람에 엄청 어색한 상황을 연출하고 말았다. 한마디로 대본에 따라 짜고 치는 고스톱이 되어버리고 애초에 의도했던 리얼은 사라졌다. 원래 계획한 방향과는 다르게 사실의 의미가 변질되어 버렸다. '리얼살림 생쇼'라는 프로그램 제목만 그럴듯했지 정작 우리 방송의 콘셉트인 리얼리즘은 없었다. 요즘 시청자가 어떤 사람들인가? 높은 수준의 방송 감각을 가진 사람들이다. 똑똑한 시청자들이 앞뒤가 안 맞고 어색하고 우스꽝스러워 보이는 방송을 그냥 넘어갈 리 없다. 매출이 좋을 리 만무했다.

다시 고민했다. 곧 좋은 생각이 떠올랐다. 주요과목인 국어·영어·수학을 기본 실력으로 학교수업에 충실한 학생이 명문대에 입학한 것처럼 기본으로 돌아가자고 했다. 그래서 일단 대본부터 없앴다. 본래의 취지인 리얼이라는 콘셉트를 그대로 살리기로 했다.

그리고 방송 전 출연자가 상품을 반드시 사용해 보게 했고 즉흥적인 질문에 순발력 있게 대답할 수 있도록 충분한 연습을 요청했다. 또 방송 중에도 궁금한 게 있으면 언제든, 주부 9단이 쇼핑 호스트의 전용 공간인 설명 자리에도 와서 같이 진행하도록 방송진행 형식을 바꿨다. 그야말로 홈쇼핑의 틀을 깨는 리얼 생쇼가 되었다. 게스트 출연자인 주부 9단과도 이미 9개월가량 호흡을 맞춘 이후여서 생방송 중에도 즉흥적인 대사가 가능했다.

진행도 설명도 리얼했다. 예를 들어 가격이 상상 이상으로 저렴한 제품이라면 마냥 최저가만을 외치지 않았다. 그 가격이 나올 수밖에 없었던 배경설명에 힘을 실어 구매를 고민하던 고객의 마음을 움직였다. 그들이 진짜로 원한 것은 바로 그 점이었다. 알려지지 않은 진짜 뒷이야기, 가려운 진실을 듣고 싶어 했다. 포장지 속에 감춰진 진실, 속 이야기를 듣고 싶었던 것이다.

변화는 성공적이었다! 같은 시간대 홈쇼핑 중 최고 시청률을 기록하며 그간의 기복이 심하였던 판매 부진을 씻고 매출에 날개를 달았다. 여기저기서 칭찬을 했다. 사회의 흐름을 읽을 줄 아는 것은 홈쇼핑도 예외는 아니었다. 홈쇼핑 역시 시대의 코드, 사회의 변화를 읽지 않으면 살아남을 수 없다는 사실을 보여준 사례였다.

우리나라의 홈쇼핑 역사가 15년이라면, 고객들이 홈쇼핑을 시청해 온 햇수가 적어도 10년은 되지 않았을까? 그렇다면, 빤한 이야기를 포장하기보다는 솔직담백한 이야기를 하는 쪽이 오히려 더 귀에 꽂히고 공감할 수 있을 것이다. 홈쇼핑 프로그램과 또 다른 케이블 프로그램, 지상파 방송의 각종 리얼 프로그램이 성공할 수 있었던 것처럼 상대방과 커뮤니케이션을 하는 스피치 상황에서도 진실함으로 상대방의 마음에 꽂히는 말을 해야 한다.

두루뭉술하게 포장해서 우아하게 말하는 것이 언제나 좋은 방법은 아니다. 다소 거칠더라도 솔직한 말로 상대에게 나의 진심을 전하고 상대방으로부터 믿음을 얻어낼 수 있다면 얼마나 뿌듯한 일인가!

그래서 말하기에서도 리얼은 중요하다.

● 꿀림

말이 눈과 귀에 밟히게 하라

말을 많이 하거나 내 생각이나 요구를 일방적으로 말하기보다는, 상대방이 듣고 싶어 하는 이야기를 적절한 순간에 건넬 때 인상적인 사람으로 기억될 수 있음을 명심하라. 공허하게 사라질 말은 최소한으로 하라. 무슨 이야기를 하든 당신의 말이 눈과 귀에 밟히게 하라. 당신이 했던 말과 표정, 몸짓, 옷차림, 상황까지도 모두 기억날 정도로 눈에 그려지고, 귀에 쟁쟁한 울림이 있고, 마음에 밟혀 끌리는 말을 하라.

대개 여자들은 쇼핑을 가서 물건을 한 번에 사는 일이 드물다.

여러 매장을 둘러보고 비교한 다음 한참 고민한 후에야 구매하는 경향이 있다. 함께 간 남편은 속이 터진다. 그 옷이 그 옷 같아 아무거나 대충 사면 될 것 같은데 아내는 결정을 못 한다. 아내와 함께 쇼핑을 가면 대한민국 남편 대다수가 쇼핑을 시작한 지 10분도 채 되지 않아 얼굴에 짜증이 한가득 이다. 나도 집사람과 옷을 사러 가면 처음에는 그런대로 견딜 만한데 30분쯤 지나고 나면 다리가 아프고, 이 물건이 어떠냐 어울리느냐 비싸지 않으냐는 등 끊임없는 질문을 하여 지치게 된다. 참다못해 "언제 살 건데? 뭐 좀 먹자, 피곤해, 대충 사."라는 말로 쇼핑에 빠진 아내에게 찬물을 확 끼얹는다. 그런 과정을 거쳐 맘에 드는 물건을 겨우 찾고서도 정작 너무 비싸서 못 사고 돌아오면 내내 눈에 밟히고 아른거린다며 뒤늦은 후회를 하는 아내의 모습을 종종 본다. 심지어 꿈에도 나오고 비슷한 것을 입고 있거나 들고 있는 사람을 보면 다시 쳐다보게 되고 그때 샀어야 하나 하는 아쉬움 반, 망설임 반 상황이 한동안 계속된다.

그런데, 끝내 사지 못해서 아쉬움이 남는 물건이 눈에 밟히는 것처럼 만약 당신이 한 말이 강한 끌림으로 눈으로 그려지고 상대방의 귀에 박히고 머릿속에 깊이 새겨지고 마음에 밟혀 오래도록 남는다면 얼마나 좋을까? 교수라면 강의의 기쁨을 맛볼 테고 영업사원이라면 실적은 '따 놓은 당상'이다. 학창시절 스승의 말을 인생의 지표로 붙든 제자가 훗날 그 기억을 잊은 스승에게 생생한 회상을 통해 감사를 전하면 교육자로서 더한 감동은 없을 것이다.

그렇다면, 어떻게 해야 그런 말들로 듣는 사람에게 감동을 줄 수 있을까?

내 말 속에 인상적인 부분이 있어야 한다. 예를 들어 우리가 보험 가입을 권유하는 영업사원이라고 하자. 영업사원은 상품의 화려한 보장내용을 읊어 나갈 것이다. 즉 "이 보험 상품의 보장내용은 1억입니다. 질병, 상해 가리지 않고 보장해 드립니다. 그런데 보험료는 3만 원밖에 하지 않습니다." 빠진 이야기도 틀린 이야기도 없다. 그러나 조금 더 인상적인 이야기로 고객에게 다가섰다면 훨씬 효과적이지 않았을까? "보장내용이 1억입니다. 그런데 1억이 큰돈이니까, 그렇게까지 필요할까 하시는 분들이 있을 겁니다. 하지만, 간암 평균 치료비용이 4천5백만 원 정도라고 합니다. 지금이야 그 정도지만 만약 10년 후 물가와 연동하는 진료비가 올라가면 더 큰 비용이 발생할 수도 있습니다. 그래서 이런 암보험이 하나쯤 필요합니다. 기분 좋게 동료와 맥주 한잔

하면 그날 술값으로 아마 3만 원 이상은 나올 겁니다. 그런데 그 3만 원으로 돈이 많이 드는 암을 대비할 수 있습니다. 그리고 질병, 상해를 가리지 않고 보장해 드립니다."로 상대에게 이야기했다면 고객의 반응은 훨씬 더 긍정적일 수 있다.

왜냐하면, 막연한 설명보다는 내가 이해하는 일상의 이야기를 예를 들어 구체적으로 말하게 되면 상대도 쉽게 이해할 수 있기 때문이다. 그리고 이런 접근 방법도 괜찮을 것이다. "사망원인 1위가 암이고 그중에서도 위, 간, 폐는 남성에게 일어나는 1, 2, 3등의 암이라고 합니다. 짜고 매운 음식을 좋아하는 한국인의 식생활 패턴상 위 건강에 자신 있는 사람은 별로 없을 겁니다. 술 좋아하는 우리나라 사람에게 간도 걱정이고 담배를 피우는 사람에게는 폐에 대한 걱정도 있을 겁니다."로 접근했다면 암에 대해 막연하게 말하는 것보다는 암보험 가입의 타당성을 느끼기에 훨씬 인상적인 말이 될 수 있다. 그래야 방송이 끝나고 나서도 밥 먹고 술 마시고 담배를 피울 때 보험 가입에 대한 스트레스를 받게 될 것이다. 이것이 바로 내 말이 상대방의 눈과 귀에 밟히는 상황이다.

그래서, 우리는 일상의 다양한 이야기를 상대방이 인정할 수 있는 아주 인상적인 이야기로 바꾸어 전해야 한다. 식생활 습관 탓에 암에 걸릴 확률이 높다거나 병원비에 대한 부담이 상당하다는 사실을 알게 된 사람은 별의별 생각이 다 떠오른다. 계속해서 머릿속에는 보험사의 영업사원이 한 이야기가 귀에 밟힐 것이다. 보험 가입을 고려하였던 사람이라면 바로 가입을 할 수도 있고 보험 가입에 관심이 없었던 사람들은 이야기를 곱씹으면서 망설일 것이다. 즉 보험에 전혀 관심이 없었지만 '요즘 암으로 죽는 사람이 주위에 너무 많네. 얼마 전 돌아가신 삼촌도 아마 폐암이었지…? 혹시 병원에 입원하기라도 하면 우리 가족은 어쩌지.'라며 계속 보험과 관련한 보장이 마치 마음에 드는 원피스를 사지 못하고 자꾸 생각나서 눈에 밟히는 것처럼 머릿속에서 자꾸 맴돌리라. 그렇다. 너무 빤한 사실만 무미건조하게 나열하지 마라. 대신 상대에게 깊은 인상을 줄 수 있는 좀 더 구체적이고 감동적인 내용을 말 속에 살려라! 그러면, 내 말이 상대의 눈과 귀에 계속 밟히게 될 것이다, 강한 끌림으로.

한 번 노력하고 시도해 보라!

● 변화

시대와 상황에 맞는 핵심을 찌르라

사람들은 스피치에 있어서도 안정을 벗어나 자기표현을 뛰어넘어 자기실현을 위해서 노력하고 있다. 남들은 변화하고 있는데 정작 자신은 제자리라면 좋은 말을 구사하기 어렵다. 분명히 시대에 맞는 대화법은 존재한다. 그리고 시대가 원하는 대화법을 구사할 줄 알아야 한다. 말에서도 영원한 강자는 없다. 시대의 변화는 상상을 초월할 정도다. 강력한 변화에 민감하라.

우리는 지금도 음료시장의 영원한 1등 하면 단연 코카콜라를 떠올린다. 경쟁사인 펩시를 떠올리는 사람은 거의 없을 것이다. 20세기를 지나 21세기에도 꾸준히 상표 가치가 상승하여 현재 690억 달러, 한화 65조 원에 이르는 음료상표 가치 1등이 바로 코카콜라이기 때문이다. 코카콜라는 실제로 서울, 도쿄, 상해, 홍콩 등 아시아의 거대 도시는 물론, 경제 후진국인 베트남과 필리핀의 작은 시골 마을에서도 살 수 있을 만큼 세계적인 음료 상표임이 틀림없다. 그러나 전체 음료시장을 놓고 본다면 이야기가 달라진다.

그 뒤를 바짝 좇던 펩시의 변화와 도약 때문이다. 펩시는 콜라 시장에서의 성장보다는 다양한 음료제품을 키워나가면서 점점 다양해지는 소비자의 입맛을 점령하며, 콜라 하나로 음료시장을 주도하는 코카콜라와는 다른 전략을 취해 나가고 있다. 소득수준이 향상된 소비자는 이제 콜라 한 가지 맛에 만족하지 않고 다양한 향과 맛의 음료를 원하고 있다. 이런 소비자의 욕구를 꿰뚫은 펩시는 주력상품을 콜라에서 과일 음료, 이온 스포츠음료 등으로 옮겨 콜라에만 집중하지 않는 종합음료회사로 성장 축을 바꿨다. 즉 코카콜라와의 경쟁을 블랙 탄산음료인 콜라 한 가지에서 다양한 음료로 바꾼 것이다. 그러자 펩시가 음료시장의 1등으로 올라섰다. 시장의 변화를 민감하게 감지하고 그들의 경쟁 무대를 바꾼 펩시가 코카콜라를 이긴 것이다.

이 시대 음료상표의 최고봉 코카콜라를 밀어낸 펩시처럼, 우리도 말의 중심을 옮겨 난공불락(難攻不落)으로 여겨지는 상대의 공감을 얻어낼 방법을 찾아보자. 내가 일하는 홈쇼핑의 경우라면 상품설명에 대한 무게중심을 바꿔보는 것도 방법이다. 요즘은 눈이 보배라는 말이 실감 나는 시대다. 그런데 가전제품 방송을 보면 정말 지겹게도 가격과 사양에 대한 이야기만 여전히 해댄다. 매장에서 냉장고나 에어컨을 살 때도 디자인이 눈에 차지 않으면 아무리 기능이 좋아도 쳐다보지도 않는 게 현실인데 말이다. 아름다움을 추구하는 소비자의 심미안 수준이 이제는 무시 못 할 정도이다. 명품소비의 증가도 이 때문이다.

시장과 소비자의 변화는 상상을 초월할 정도이고 감성시대의 감각적 소비자는 제품의 기능이나 사양 등의 실용성보다는 디자인을 우선시한다. 제품디자인의 중요성은 '디자인 구루(영적 스승)' 라 불리는 세계적 산업 디자이너, 내로라하는 세계 디자인상을 휩쓴 이노 디자인의 대표 김영세가, 크리에이터(creator)이자 이매지너(imaginer)로서 21세기에 세계적으로 주목받고 있는 현상만 보더라도 알 수 있다. 가장 유명한 일화는 그가 디자인한 MP3 플레이어 모델인 '아이리버 H10(레인콤)'을 두고 빌 게이츠가 "디지털라이프 시대를 선두에서 열어 가고 있다."라고 칭송한 일이다.

그렇다면, 상품 방송을 할 때 어떻게 접근해야 할까? 상품의 어떤 점에 무게중심을 맞춰 진행해야 할까?

이런 방법은 어떨까? 가격과 사양은 어차피 방송 자막을 보면 얼마든지 알 수 있는 부분이니까 눈높이가 달라진 소비자, 그중에서도 홈쇼핑의 주 고객인 여성 소비자의 마음을 사로잡는 방향으로 무게중심을 이동시키는 방법 말이다. 이제는 자격조건보다는 감성을 자극해야 하는 시대이다. 예를 들어, 텔레비전 판매 방송을 할 때 모니터가 LCD, PDP인지에 대한 설명과 크기, 가격, 프로모션에 대한 자격조건 위주의 설명 비중을 좀 줄이고 텔레비전이 줄 수 있는 우리 생활의 변화로 풀어본다.

남편에겐 생생한 스포츠 중계를 현장에서 보는 듯한 즐거움을 준다고 속삭이고, 아내에게는 드라마 속 연기자의 살아 숨 쉬는 모습을 보는 듯한 착각에 빠져들 수 있음을 자극하고, 아이는 마치 사파리에 온 것처럼 살아 움직이는 동물들의 모습을 볼 수 있어 마냥 행복할 것이라는 식으로 그들 각각의 관심사에 맞춰 텔레비전의 유용성에 대한 내 말의 무게중심을 옮겨보자. 이후 나타날 개선될 삶을 상상해 보고 그 부분을 소비자와 통하는 설명으로 접근하면 소비자에게 기분 좋은 상상을 안겨줄 수 있다. 그러면, 소비자의 텔레비전 구매 명분이 단순 구매가 아니라 가족의 행복이라는 수준 높은 차원으로 무게중심이 이동할 것이다. 소득수준과 의식수준이 향상된 21세기형 소비자에게서 매출을 좀 더 많이 끌어 올릴 수 있지 않을까.

우리 일상에서도 이런 상황은 얼마든지 일어날 수 있다. 시장에 장을 보러 간 영희 엄마가 장어를 살까 말까 망설이는 중이라고 하자. 그런데 가게 주인이 "오늘 잡아온 생물이라 싱싱하고 맛이 좋아요. 아줌마한테만 내가 싸게 줄 테니까, 얼른 가져가요." 고작 이런 이야기뿐이다. 이에 비해 생선 주인이 "맛도 좋지만 이 장어는 다른 거 하고 달라. 오늘 올라온 이 싱싱한 장어 사가면 아마 오늘 밤 남편한테 사랑 듬뿍 받을 걸."하고 말하는 경우, 말의 무게 중심이 확실히 달라 마음을 끄는 맛이 있다. 십중팔구 영희 엄마는 아마 남편 사랑이라는 말에 솔깃하여 싱싱한 장어라고 말한 상인보다는 두 번째 상인에게 장어를 사들일 것이다. 심지어 원래 계획보다 더 많이 구매하지 않을까 싶다. 장을 보러 간 영희 엄마는 상인의 화술을 통해 '남편의 사랑' 이라는 뜻밖의 구매 의미를 발견하고서는 장어를 산 것이리라.

말의 무게 중심을 바꾸었더니 대화의 방향도 달라지고 효과는 매우 크다. 이렇듯 어디에 힘을 주어 말하는지에 따라서 청자의 반응은 얼마든지 바뀔 수 있다. 접근 방법에 따라서 상황의 반전을 꾀할 수 있는 것이 바로 내 말의 무게중심 변화다. 그래서 내 말의 무게중심을 바꾸면 새로운 시각이 열리고 상대방에게 뜻밖의 긍정을 얻어낼 수 있다.

그러면, 영원한 절대강자로 군림할 것 같았던 코카콜라가 펩시에 그 왕좌를 내어준 예처럼 당신도 말하기에서 새로운 강자로 떠오를 수 있을 것이다.

● 개성

똑 부러지는 나만의 개성을 살려라

대화에서 기술도 중요하지만, 비슷한 솜씨라면 단연 자신의 개성을 살린 호흡과 대화법이 어디서든 빛을 발하게 된다. 나의 특성, 열정, 행동의 장점을 잘 관찰하라. 그리고 그것을 살려 대화에 반영하라. 나만의 개성을 살린 똑 부러지는 대화는 강렬한 인상으로 남기 마련이다.

내성적인 성격을 굳이 고치려 하지 마십시오
내성적인 학생은 생각을 진지하게 해서 좋습니다
사교성이 적은 학생은 정직하고 과장되지 않아 좋습니다
소심한 학생은 실수가 적고 정확해서 좋습니다
질투심이 많은 학생은 의욕이 넘쳐서 좋습니다
말이 많은 학생은 지루하지 않아서 좋습니다
자신감이 없는 학생은 겸손해서 좋습니다
직선적인 학생은 속 정이 깊어 좋습니다

― 김인중의 〈안산 동산고 이야기〉 중에서 ―

살면서 내 의지와 관계없이 어떤 생각이나 행동을 다른 사람에게서 강요받을 때가 있다. 반면, 법률에 정해진 규칙이라도 있는 것처럼 자식한테 이래라 저래라 어떤 틀을 제시하며 따르라고 다그치곤 한다. 하지만, 인간은 타고난 유전학 특성상 사람에 따라 아주 잘하는 것도 있고 절대로 못 하는 것도 있다. 위에 소개한 김인중 목사님의 책 〈안산 동산고 이야기〉를 읽으면 느끼는 바가 참 많다. 세상에는 셀 수 없이 많은 빛깔의 색이 있고 어떤 색깔도 쓸모 없지 않으며 한 색 한 색이 세상을 채우는 하나의 구성요소라는 점이다. 한마디로, 사람은 저마다 존재 이유가 있고 나름의 쓸모가 있다는 뜻이다.

그런데도, 우리는 언제부터인가 누구나 발표와 질문을 당연히 잘해야 하는 것으로 여기기 시작했다. 적극적으로 의사표현을 하며 발표 문화에 익숙한 서양처럼 우리 모두도 그래야 한다고 생각한다. 그래서 활발한 의사표현을 위하여 어려서부터 웅변학원을 전전한 경험이 있을 것이다. 훈련된 정확한 의사표현과 적극적인 태도가 사회에 나가서도 지도자로서 훌륭한 역할을 해낼 수 있다는 믿음과 바람 때문이었다. 그러나 우리 각자는 다른 유전자를 지녔고 자라온 환경이 달라서 모든 방면에서 누구나 잘할 수는 없다.

김인중 목사님의 말씀처럼, 시대가 원하는 영웅이 되기 위해 다른 사람의 가면을 쓰고 위선적인 모습으로 살아갈 필요는 없다. 나는 나 일 뿐이다. 나 아닌 누군가가 되기 위해서 애써 나를 버릴 필요는 없다. 버려서도 안 된다. 어떤 모습으로든 당신은 의미 있는 존재이기 때문이다. 당신이 엄마 뱃속에서 함께 호흡하는 순간, 당신은 이미 가치 있는 존재로 세워졌다. 그것은 영원히 변치 않는 진리이다. 당신의 개성을 인정해라. 받아들여라. 개성을 죽이는 행위 또한, 또 다른 측면의 살인이다. 덧붙여 다른 사람의 개성도 살인하지 마라.

말하기에서도 누구를 모방할 필요는 없다. 생긴 모습대로 온갖 노력을 다하면 된다. 개성은 곧 당신 자신을 대변하는 소중한 생명이다. 모두가 영화배우 '장동건'이 될 수 없고 될 필요도 없고 되어서도 안 된다. 이런 점에서 유독 눈에 띄는 사람이 있다. 방송인 박경림이다. 개성을 떠나 과연 방송에 적합할까 하는 의구심부터 들게 하는 사람이 그녀였다. 그래서 그녀의 성공은 더욱 눈부시다. 사실 평범한 외모에, 듣기 불편한 목소리로 그녀가 그렇게 인기를 얻으리라고는 누구도 예상하지 못했을 것이다. 비디오는 둘째 치고 누가 들어도 방송용으로는 부적합할 것 같은 쩍쩍 갈라지는 탁한 음색, 오디오가 문제였기 때문이다. 아무리 그녀의 입담이 좋다고 해도 적지 않은 공채 개그맨들을 제치고 잘 나가는 방송인, 인정받는 MC가 되었다는 사실은 분명히 특종임이 틀림없다. 사실 박경림의 목소리는 장점이 아닌 단점으로 작용할만하다. 그런 그녀가 늘씬하고 여성스러운 외모에 옥구슬 굴러가는 한국의 전형적인 여성 진행자들을 향하여 성공적인 도전장을 던졌다. 본인의 가장 취약한 부분을 똑 부러지는 개성으로 살려 맑고 청명한 목소리에만 익숙하던 방송가와 시청자를 사로잡았다. (물론 독특한 목소리에 특유의 말솜씨와 순발력 있는 개그감각도 한몫했다.) 덕분에 개성 있는 목소리의 주인공으로 등극하며 부와 명예를 얻었다. 만약 박경림이 그녀의 목소리에 실망하고 인생을 원망하며 보냈다면, 오늘의 그녀는 없었을 것이다.

그런데 사실 나도 개성이라면 빠질 수 없는 1인이다. 방송 진행할 때 말 좀 천천히 하라는 이야기를 곧잘 듣는 쇼핑 호스트 중의 한 명으로 심심찮게 지적도 받았지만, 머릿속에서 계속 떠오르는 얘깃거리를 주체하지 못하고 빨리 전해야겠다는 마음에 말이 좀 빠른 편이 됐다. 그런데 한때 회사의 단속(?)으로 쇼핑 호스트의 말이 하나같이 느려졌던 적이 있다. 그래서 내 깐에 노력한다고 했는데도, 내 버릇 남 주지 못하고 여전히 남들보다는 말을 빨리한다. 그러니 내 방송은 금방 알아본다는 칭찬 아닌 칭찬도 들었다. 하지만, 말을 약간 빠르게 할 필요가 있는 주방용품, 생활용품, 식품 방송에서는 빛을 발한다.

판매 목적인 홈쇼핑방송에서 한결같이 느리게만 말하면 답답해서 과연 볼 수 있을까 싶다. 목소리가 저음이면서 심지어 느리기까지 한 사람이 있다면 어떨까? 처음에는 다소 지루하게 들릴지 모르나 이런 목소리는 상대에게 신뢰감을 줄 수 있기 때문에 직업상 교수나 종교지도자들에게는 그만일 것 같다. 반대로 소리 톤이 높고 말이 빠르면 분위기가 늘 생기 있고 밝아서 사실 홈쇼핑에 가장 적합한 개성으로 작용할 수 있다.

내가 근무하고 있는 GS홈쇼핑에도 이런 쇼핑 호스트가 한 명 있다. 처음부터 밝은 분위기로 오랜 시간을 진행해야 하는 홈쇼핑 방송에서 그녀는 지칠 줄 모르고 늘 활기가 넘친다. 말이 빨라도 빨라 보이지 않고 오히려 시청자가 그 방송에 빨려 들어가게 하는 것 같다. 이처럼 말할 때 나만의 개성을 유지하는 것은 매우 중요한 일이다.

발랄하고 생기 있는 분위기의 목소리와는 다르게 어눌함이라는 독특한 개성으로 우리에게 다가왔던 인물이 있다. 1980년대를 휘어잡았던 토크쇼의 대표인물 쟈니윤이다. 요즘 사람들은 잘 모르겠지만 40대 이후 세대는 대부분 그를 기억할 것이다. 사실 쟈니윤이 방송용 진행자 감은 아니다. MC치고 말이 상당히 어눌하기 때문이다. 목소리가 저음인데다 혀를 너무 굴려서 잘 못 알아듣기 십상이다. 게다가 미국식 사고방식으로 대화하다 보니 초대된 사람과의 호흡이 어긋나 보일 때도 잦았다. 그러나 미국에서 물 건너온 사람이라는 환상 덕분이었는지 당시 쟈니윤 쇼의 시청률은 대단했다. 인기 오락프로에 버금가는 시청률로 화제가 됐다. 그만의 개성인 어눌함과 소탈하고 꾸미지 않는 솔직함에도 이유가 있겠지만, 당시 사람들이 선망하던 미국인 이민자라는 덕도 톡톡히 본 것 같다. 이렇게, 과거에서 지금까지 방송에서 인기를 얻는 경우를 보더라도 말에서 개성이라는 부분은 빼놓을 수 없다.

  결국, 말하기에서도 타고난 목소리나 다른 조건보다도 개성을 어떻게 잘 살리느냐가 가장 중요하다. 그런데 가끔 그 사람의 개성은 무시한 채 누구처럼 진행해달라고 요청해오는 경우가 종종 있는데, 그런 일이 흔하게 일어나는 곳이 내가 근무하고 있는 홈쇼핑이다. 한 명의 쇼핑 호스트가 잘하면 주위에서 다른 쇼핑 호스트에게 그 사람처럼 해달라는 주문을 종종 한다. 사실 굉장한 실례인데도 매출이 곧 인격으로 통하는 곳이기 때문에 어쩔 수 없이 그런 부탁을 들어야 하는 것이 홈쇼핑만의 문화이다. 아마 홈쇼핑에서 일해보지 않은 사람은 잘 모를 것이다. 사실 누군가를 모방하여 내 것으로 보여주는 게 쉽지만은 않다. 사람이 저마다 다르고 로봇이 아닌 이상 다른 누구를 흉내는 낼 수 있어도 똑같이 하는 것은 불가능하기 때문이다. 특히, 쇼핑 호스트는 작성된 원고만을 말하는 직업이 아니라 대본에 없는 다양한 생활 멘트, 정보와 지식을 순발력 있게 방송에 녹여내야 하기 때문이다. 심지어 지금껏 살아온 환경과 사고의 폭이 달라서 누구처럼 한다는 것은 거의 불가능에 가깝다.

  거듭 연습하면 어느 정도 가능할지는 모르지만, 흉내 내기는 얼마 못 가 탄로가 나기 마련이다. 나만의 개성을 유지하고 발전시켜나가는 일이 가장 중요하다. 주위에서도 누구처럼 해달라고 요구할 게 아니라 그만의 장점을 칭찬하고 배려하고 살려줄 수 있는 여유를 갖고 대해야 할 것이다. 각자의 개성을 인정하고 북돋워 줄 때 더 뛰어난 새 인물이 나타날 수 있다. 어떤가? 이제 자신감이 생기는가? 무조건 어떤 표준을 기준 삼아 나를 바꾸고 그 틀에 끼워 맞추는 것만이 능사가 아니다.

  훌륭한 그도 내가 본받아야 할 대상이지만 나의 개성도 훌륭한 그 사람 못지않게 중요하다. 그렇게 나만의 독특한 개성을 발전시켜 나갈 때, 그저 백 명의 머릿수나 채우는 구성원 중 한 명이 아니라 99명과는 또 다른 독립적 개체인 '나'로 청자에게 강하게 다가설 수 있다. 박경림의 목소리, 쟈니윤의 어눌함이 성공 요소로 작용한 것은 자신이 가진 개성을 인정하고 장점으로 살려 차별화시켰기 때문이다. 이렇듯 사회의 일반적 시선에서 본 자신의 단점을 인정하고 나만의 개성으로 발전시켜 나가야 한다.

  마케팅에서 흔히 말하는 차별적 우위를 선점하지는 못해도 최소한 나만의 개성으로 차별화시켜 나간다면 성공은 훨씬 더 당신 가까이에 와 있을 것이다.

● 습관

영양가 있는 수다를 떨어라

말 잘하는 것은 타고나는 게 아니다. 공부도 기술도 하면 할수록 고수가 된다는 진리는 대화법에서도 고스란히 적용된다. 요즘은 자기표현의 창구가 다양해졌다. 이메일, 트위터, 페이스북, 메신저, 싸이월드 등에서도 자신의 생각을 표현하고 있다. 당신의 말하기 환경과 습관을 점검하라! 체면은 버리고, 편하게 수다를 떨어라.

우리는 정서적으로 수다라고 하면 시간을 죽이는 쓸데없는 말 정도로 해석한다. 수다하면 으레 아줌마를 떠올리고 남자 중에서도 수다스러운 사람을 보면 아줌마라는 별명을 붙여준다. 그런데 내 경험상 수다는 충분히 적극적으로 활용할 가치가 있는 영역이다.

말의 훈련은 아나운서나 탤런트가 작성된 원고나 드라마 대본을 보며 하는 대본 읽기 연습과는 다르며, 그것만으로는 부족하다. 평소에 수많은 실전 경험을 쌓는 것이 중요한데, 그 고민은 일상생활 속에서 조금만 노력하면 해결할 수 있다. 특히, 삶의 현장에서 녹아 나오는 일상의 수다가 그런 역할을 할 수 있다. 그래서 수다를 결코 가볍게, 우습게 생각해서는 안 된다.

사실 나는 수다 예찬론자이다. 내가 방송이나 일상을 통하여 내뱉는 말의 다양한 소재는 수다에서 나온다. 말하는 기술을 터득한 그 밑바탕 역시 말을 하고 듣는 즐거움이 가득한 수다였다.

　말 잘하는 방법을 알려달라는 분을 만나면 나는 '수다'를 곧잘 추천한다. 그때마다 말도 안 된다거나 뜻밖이라는 반응을 보이는 분이 꽤 있으시다. 좀 더 우아하고 그럴듯한 방법을 기대하셨나 본데, 수다 떨기를 좋아하지 않는다면 정말이지 말을 잘하기 어렵다. 물론 말이 많다 보면 실수도 하기 마련이다. 하지만, 실패는 성공의 어머니라 했다. 발명왕 에디슨이 축전기 만들기에 성공할 수 있었던 것은 2만 번의 실수(실패)가 있었기 때문이라고 한다.

> 발명왕 에디슨은 축전기를 만들기 위해 무려 2만 번의 실험을 거쳤다.
> 그러나 결국, 납을 대신할 물체를 찾아낼 수 없었다.
> 어느 날 한 방문객이 에디슨에게 위로의 말을 건넸다.
> "2만 번이나 실험에 실패했으니 얼마나 상처가 크십니까?"
> 에디슨은 손을 내두르며 말했다.
> "아닙니다. 실험에는 실패가 없어요. 2만 번의 실패가 2만 번의 실패 기술을 가져다주었습니다. 이렇게 하면 안 된다는 것을 알았을 뿐입니다. 이것이 바로 실패하지 않은 이유입니다."
> 에디슨은 낙관론자였다.
>
> 한 번은 연구소에 화재가 발생해 소중한 실험기계를 모두 잃었다.
> 그는 까만 숯으로 변한 실험기계를 바라보며 중얼거렸다.
> "내가 범한 실수들이 모두 자취를 감추었다. 이 얼마나 감사한가? 이제부터 새롭게 시작할 수 있으니 이 또한, 얼마나 감사한 일인가?"

에디슨이 축음기를 발명한 때는 화재가 발생한 3주 후였다.

"실패는 성공의 어머니"라는 말은 발명왕 에디슨이 전구를 만들어내면서 기자들에게 한 유명한 이야기이다. 한 기자가 아흔아홉 번이나 실패를 하면서까지 전구를 만들어낸 힘이 어디에서 나왔느냐는 질문에 에디슨은, 자신이 99번의 실패를 한 것이 아니라, 99가지 전구가 만들어지지 않는 방법을 찾아내었다고 답변하였다.

시련과 실패를 새로운 출발점으로 삼았던 불굴의 의지와 낙천적인 인생관이 에디슨을 발명의 왕으로 만들었다. 에디슨에게 실패는 성공의 가장 좋은 재료였다.

우리는 주위에서 실패를 통하여 정상의 자리에 오른 사람들을 수없이 발견하게 된다. 자신의 경력에서 가장 중요한 것은 무엇인가? 그것은 바로 당신이 그동안 겪었던 실패나 어려웠던 문제들이다. 쉽게 얻은 것이 아니라 어렵게 얻은 것만이 당신의 경력을 만드는 '가장 소중한 경험'이다.

지금은 스키를 잘 타는 어느 CEO가 자신의 칼럼을 통하여 '실패한 자만이 성공할 수 있다(좌절을 겪은 자만이 일어설 수 있다.).'라는 제목으로 이런 글을 남겼다.

스키를 처음 배울 때 "어떻게 하면 넘어지지 않을까?" 애를 쓰곤 했는데, 강사가 옆에서 한마디 거들었다. "넘어지지 않으려고 애쓰면 더 많이 넘어지고, 고난이도 기술도 배울 수 없습니다. 자주, 많이 넘어져야 스키를 올바르게 익힐 수 있습니다." 스키를 배운지 몇 년이 지난 후에야 그는 코치의 말이 사실임을 알게 되었다.

  실수를 거울삼아 성공의 밑바탕을 굳게 다지는 기회로 삼아야 할 것이다. 아예 입 다물고 있으면 내 말하기의 장점과 단점, 말버릇, 나쁜 습관도 알 기회조차 없다. 말을 많이 하는 버릇을 평소 훈련을 통하여 키워야 한다. 그래야 어떤 상황에서도 스스럼없이 자연스럽게 본인의 의사를 피력할 수 있다.

  그러니 말실수를 두려워하지 마라. 어떤 일도 하루아침에 이루어지는 것은 없다. 아무 노력 없이 얻으려고 하면 도둑놈 심보다. 로또 대박을 꿈꾸는 것과 무엇이 다른가. 내가 알고 있는 유명한 쇼핑 호스트 중에는 정말 대단한 수다 왕이 있다. 그에겐 수다가 생활이고 삶이다. 나도 사실 둘째가라면 서러운 수다쟁이지만 그분과 이야기할 때는 늘 묻는 말에 대답만 하는 신세가 될 정도이니 그분이 가진 수다의 위력은 정말 대단하다. 혼자서도 두 시간을 너끈히 방송을 진행하는 그를 보면 수다는 말하기에서 결코 가볍게 보아 넘기거나 우습게 생각할 수 없는 훌륭한 영역이다.

  이처럼 자꾸 하다 보면 실력이 느는 것이 말인데, 또 하나 좋은 점이 있다.
  말을 많이 하다 보면 모임의 분위기와 상대방의 생각을 빠르게 파악하는 습성이 생긴다. 왜냐하면, 말은 상대적이어서 말하는 사람은 항상 듣는 사람의 기분과 반응을 고려하지 않을 수 없기 때문이다. 수다를 부정적으로 보는 분들도 많이 있긴 하다. 하지만, 요즘같이 의사전달이 중요한 시대에서는 내 생각을 적극적으로 알리고 상대의 생각도 빠르게 수용할 수 있는 수다야말로 정말 중요한 말하기의 한 방식이 아닐까 싶다.

  인터넷판 140자 수다인 트위터도 그래서 폭발적인 반응을 이끌어내고 있는 것 아닌가? 트위터에서도 알 수 있는 것처럼 수다는 무거울 필요가 없다. 사실 막상 들춰 보면 일상의 대화 주제는 별로 무거울 것이 없기 때문이다. "우리 아이 똥이에요. 정말 예쁘죠?"라는 내용에서부터 요즘 나의 심각한 고민까지도 편하게 이야기할 수 있는 것이 수다이기 때문이다. 일반적인 강연이나 강의, 세일즈와 다르게 일단 수다는 주제에 대한 제약도 없어서 훨씬 더 자유로운 분위기에서 말하는 능력을 키울 수 있다. 평상시에 수다를 잘만 연습하면 대단한 내공이 쌓여 어느 날 당신도 말하기의 달인이 될 수도 있다.

그런데, 수다의 사전적 의미는 무엇일까? '쓸데없이 말수가 많음. 또는 그런 말.'이라고 하니 그 표현이 재미있다. 그런데 인터넷에서 수다를 검색하니 수다가 관심사인 듯 미녀들의 수다, 킬러들의 수다, 수다 꽃동멸(홍메치목 매퉁이 과의 바닷물고기), 수다초등학교가 함께 검색된다. 이래서 나는 영원한 수다쟁이일 수밖에 없나 보다. 내가 본 것을 이렇게 지면상으로라도 어떻게든 전하고 싶으니 말이다.

말하기에 두려움을 갖고 있거나 아직 부족하다고 생각되는 분들은 수다를 즐기고 또 즐겨라. 남의 눈치 볼 것 없다. 체면에 얽매일 필요도 없다. 말 없는 나에서 말 잘하는 나로 바뀐 모습 속에서 어느새 세상과 잘 통하고 있는 나를 발견할 것이다.

말도 하면 할수록 는다. 가벼운 수다를 우습게 보지 마라. 수다는 우물물을 마르지 않게 하는 마중물(펌프에서 물이 잘 나오지 않을 때 물을 끌어 올리기 위하여 위에서 붓는 물)처럼, 우리 안의 생각에 발동을 걸어 그 속에 들어 있는 말을 마르지 않게 한다. 말을 잘하고 싶은가? 수다를 떨어라. 길들여라. 수다가 삶이 되게 하라.

지금 당장 수다를 떨어라, 입에 단내가 날 때까지.

Chapter 2

세계 최고의 브랜드에 실린 스피치 마케팅의 힘

세계적으로 성공한 브랜드의 특징을 한마디로 요약하면 고객과 끊임없이 소통해 왔다는 사실이다. 제품에 대한 고객의 욕구를 분석하고 제품과 이미지를 통하여 고객이 원하는 정보를 전달하고 늘 고객의 상황에서 생각하려 했다. 소비자의 마음을 읽는 눈과 고객을 사로잡는 힘이 없으면 뒤처질 수밖에 없다. 글로벌 리더, 세계 최고 브랜드의 진정한 힘은 바로 스피치 마케팅이다. 세계 최고 기업이 들려주는 마케팅 비법을 카피하고 벤치마킹하라. 당신 안에 잠자고 있는 언어의 잠재력을 깨워라. 당신에게서 발견된 놀라운 말의 위력이 세상을 움직일 것이다. 당신의 스피치가 당신의 브랜드가 되게 하라.

● *스피치에 적용해 본 디즈니 십계명*

성공한 테마파크 디즈니랜드

〈성공한 테마파크 디즈니랜드의 십계명〉

1. 관객을 알아라
2. 모든 것을 관객의 입장에서 해석하라
3. 좋은 스토리텔링을 만들어라
4. 관객의 시선을 끌 수 있는 유인책을 마련하고 미끼를 던져라
5. 그림이 그려지는 시각적 언어를 사용하라
6. 지나치면 망한다는 사실을 기억하라
7. 한 번에 한 가지만 말하라
8. 정체성(아이덴티티, identity)을 유지하라
9. 어떤 경우든 사소한 것이라도 재미를 더해라
10. 깨끗이 정리·정돈하라

나는 사실 미국 캘리포니아주(州) 남서부 애너하임에 있다는 세계적인 유원지, 미국의 디즈니랜드를 아직 가보지는 않았다. 그저 영화 속에서나 혹은 다녀온 사람들의 입소문을 통해서만 알고 있을 뿐이다. 시대를 초월하여 인기

를 끌고 있는 테마파크 디즈니랜드는 1955년, 만화영화제작자 월트 디즈니가 로스앤젤레스 교외에 세운 대규모 오락시설로 면적이 약 920㎢라고 한다. 무슨 영역이든 그 시대를 휩쓰는 유행과 물결이 있기 마련인데; 디즈니랜드는 어떻게 반세기가 넘도록 변함없이 사랑을 받아 올 수 있었을까? 그 점이 늘 궁금하고 의아했다. 한 때 영화 '우레메'를 열렬하게 좋아했던 아이들이 애니메이션의 주인공 '아기 공룡 둘리'를 좋아하고 이제는 '뽀로로' 없으면 못 사는 것처럼 언젠가는 테마파크의 대명사도 변할 줄 알았다. 그런데 강산이 몇 차례나 바뀌어도 디즈니랜드는 아직도 건재하다. 1955년 문을 연 이후로 매년 2천5백만 명 이상이 방문하는 테마파크의 대명사가 바로 디즈니이고 방문객 중 60%가 다시 방문할 정도로 그 인기는 대단하다.

디즈니의 인기 비결이 여럿 있겠지만, 그 중 인상적인 것은 디즈니랜드 방문자를 '고객' 대신 '손님' 이라고 표현한다는 사실이다. 상품을 구매해 주기 때문에 우대해야 할 고객이 아니라, 정성스럽게 마련한 파티에 초대한 손님이라고 생각하기 때문이란다. 아무래도 고객이라면 상업적으로 대할 수밖에 없을 텐데 손님이라는 기막힌 발상의 전환을 통해 재방문객을 끌어들이고 있는 것이다. 역시 대단한 기업답다. 그래서 지금까지도 그 명성을 이어오고 있는 것인지도 모르겠다.

이런 디즈니만의 철학 이외에도 디즈니의 십계명을 본다면 지금의 명성이 하루아침에 이루어진 것이 아니라는 생각을 하게 될 것이다. 직원 각자가 디즈니랜드에서 오랜 세월 동안 변함없이 이야기꾼 역할을 해올 수 있었던 이유는 디즈니 종업원에게 경전처럼 숙지하게 하는 '미키 십계명'을 통해 디즈니만의 문화 철학을 전수해 왔기 때문이다. 앞에서 소개한 〈성공한 테마파크 디즈니랜드의 십계명〉이 바로 그 내용이다. 이미 수십 년 전 디즈니는 커뮤니케이션을 어떻게 해야 하는지를 총체적으로 인지하고 있었다. 그런데, 이 십계명을 우리의 스피치 속에서도 고스란히 적용할 수 있다. 왜냐하면 결국, 우리의 스피치도 커뮤니케이션의 연속선상에 있기 때문이다. 심지어 이 책에서 말하고자 하는 모든 내용을 관통하여 모두 함축적으로 보여주고 있다고 할 정도로 그 내용이 정말 대단하다.

디즈니의 십계명을 스피치에 적용해 보면 일단 '관객을 알고, 모든 것을 관객의 입장에서 해석하라.' 라는 이야기는 우리가 스피치 속에서 지켜야 할 가장 기본적이고 중요한 말이다.

스피치 상황에서 항상 상대를 알고 상대방의 처지에서 생각해보는 '역지사지' 적 관점의 말하기로 디즈니는 당시에 이미 소통하는 스피치의 기법을 알고 있었던 게 분명하다. 여기에 '좋은 이야깃거리로, 적극적으로, 다양한 시각적인 제스처를 통하여 상대를 내 말 속으로 끌어들여야 한다.' 라는 내용은 상대방이 한 명이건 열 명이건 그 수에 관계없이 스피치에서 꼭 필요한 부분이다. 그리고 '과하면 망한다.' 라는 말도 스피치에서 꼭 지켜야 하는 것으로 상대에게 진심으로, 진실하게 다가가야 상대로부터 긍정적인 반응을 이끌어 낼 수 있다는 내용이다. 그야말로 디즈니가 전하는 십계명 하나하나가 모두 우리 일상의 스피치 속에서 꼭 필요한 기법이다. 뒷부분의 '상대방에게 한 번에 한가지만을, 본인의 스타일을 유지하여, 사소한 것에도 진심을 담아서 재미있게 이야기하라.' 라는 내용은 디즈니의 십계명과 우리가 스피치에서 지켜야 할 내용이 별다를 것이 없음을 보여준다.

디즈니의 십계명을 기본으로 스피치에 다시 한 번 적용해 보면 다음처럼 정리할 수 있겠다.

〈스피치에 적용해 본 디즈니 십계명〉

1. 관객을 알아라
   : 내가 말하는 상대를 파악하라
2. 모든 것을 관객의 입장에서 해석하라
   : 역지사지의 입장에서 듣고 말하라
3. 좋은 스토리텔링을 만들어라
   : 좋은 이야기 혹은 진실한 이야깃거리를 갖고 있어라
4. 관객들의 시선을 끌 수 있는 유인책을 마련하고 미끼를 던져라
   : 황당한 진실 혹은 유머 등 상대가 주목할 수 있는 내용으로 유혹하라
5. 그림이 그려지는 시각 언어를 사용하라
   : 표정·눈빛·손발 등 내 몸을 또 하나의 언어로 형상화해라
6. 지나치면 망한다는 사실을 기억하라
   : 상대의 관심을 끌 정도로만 말하고 행하라
7. 한 번에 한 가지만 말하라
   : 헤어질 때 상대가 한 가지만이라도 기억할 수 있게 하라
8. 정체성(아이덴티티, identity)을 유지하라
   : 나만의 차별화한 스타일로 말하라
9. 어떤 경우든 사소한 것이라도 재미를 더해라
   : 내말에 상대가 흥미를 잃지 않도록 노력하라

10. 깨끗이 정리 · 정돈하라
: 처음에 시작한 내 주제를 마지막에 다시 한 번 각인시켜라

우리에게 단순히 놀이의 즐거움만 줄 것 같았던 디즈니랜드가 이렇게 명쾌한 스피치 대화법을 안내해 주리라고는 누구도 생각 못했을 것이다. 앞으로 말을 할 때는 디즈니의 십계명을 명심하고 스피치에 임하라. 그러면, 1955년 개장 이래로 오랜 세월이 지나도 변치 않는 사랑을 받은 디즈니랜드처럼 당신의 말도 변함없이 상대에게 기억되는 사람으로 사랑받을 것이다.

● 상대방의 고정관념을 깨라

미(美) 항공사 제트블루

내성적인 성격을 가진 사람은 창업해서 사업하기도 어렵고 영업직으로도 어울리지 않는다?

이것이 일반인의 고정관념이다. 그러나 실제로는 이런 일반인의 생각과 많이 다르다. 내성적인 사람은 끈기 있게 한우물을 파기 때문에 사업이나 영업직에서도 오히려 외향적인 사람보다 성공할 확률이 높다고 한다. 컴퓨터바이러스 치료 프로그램 개발자로 세계적인 명성을 얻고 있는 안철수 박사는 다음과 같이 이야기했다.

> NHN 창업자 이해진, 다음 창업자 이재웅, NC소프트 창업자 이택진, 한글과 컴퓨터 창업자 이찬진 이들은 모두 내성적인 성격이다. 외향적인 성격이어야만 창업에 성공할 수 있다는 생각은 잘못된 생각이다.
> 내성적인 사람들은 자신의 장점과 단점, 하고 싶은 일과 하기 싫은 일을 잘 파악하고 있기 때문에 오히려 성공할 확률이 높다. 그렇다면 영업직은 어떨까? 흔히 사람을 많이 만나고 설득해야 하는 영업직은 내성

적인 사람에게는 맞지 않는다고 생각한다. 그러나 놀랍게도 업계 최고의 세일즈맨들 중 80%는 내성적인 사람이다.

일본 현대직업연구소는 30년 동안 내성적인 사람들을 위하여 무료 인생 상담을 해왔는데, 내성적인 사람들은 뛰어난 언변으로 사람을 끌어당기거나 유쾌한 제스처로 분위기를 띄우지는 못하지만, 특유의 강점을 살려서 생각하는 세일즈, 도움이 되는 세일즈, 컨설팅 세일즈를 함으로써 업계 최고의 자리에 올랐다고 한다. 우리나라의 대한생명이 2만 5천여 명에 달하는 종합자산관리사 중 대략 상위 1%에 해당하는 3백 명을 조사한 결과, 자신을 외향적이라기보다 내성적이고 차분한 성격이라고 밝힌 사람이 54%로 전체의 반 이상이었다.

고정관념을 뛰어넘는 사례는 이뿐만이 아니다.
몇 해 전 일이다. 항공티켓을 운 좋게 아주 싼 값에 구매하고 아름다운 열대 바다를 상상하며 모처럼 만에 떠나는 여행에 무척 들떠 있었다. 그런데 꿈에 부푼 생애 첫 비행기 여행에서 비행기 출발 시각이 1시간 넘게 늦춰졌다. 그때부터 일이 꼬이기 시작하더니 현지에서의 일정까지 내내 완전히 엉망이 되었다. 음료 한잔 주지 않는 저가 항공사의 기내 서비스에, 지정석도 따로 없는 좌석은 낡고 헤져서 구멍이 여기저기 뻥뻥 뚫려 있어 실망이 컸다. 이처럼 다시는 이런 싸구려 티켓은 이용하지 않을 거라는 굳은 결심을 하게 되는 좋지 않은 감정이 저가 항공사에 대한 일반적 경험일 것이다. 그런데 대다수 저가 항공사들이 이렇게 '싼 가격'으로만 경쟁하고 있을 때 최고의 '서비스'로 감동을 준 저가 항공사가 있다니 놀랍고 반갑다. 바로 미국의 저가 항공사 제트블루이다.

　제트블루는 '싼 게 비지떡' 이라는 우리 속담에 정면으로 도전하는 회사라고 할 수 있다. 성장률이 낮은 항공 산업에서 연평균 26%의 고성장을 이룩하고 미국 항공사 중 서비스 1위를 기록하며 '비즈니스 위크' 라는 세계 유수의 잡지로부터 항공사로는 유일하게 3년 연속 우수 고객서비스 기업으로 선정되었다.

　저가 항공사 제트블루는 왜 이렇게 빠르게 성장할 수 있었을까?
　바로 고객의 고정관념을 깨는 영업방식 때문이다.
　저가 항공사 하면 우리 머릿속에 가장 먼저 떠오르는 이미지는 좁고 불편한 좌석과 유료 기내식이다. 하나 더 추가한다면 불친절까지는 아니더라도 친절하지 못한 서비스다. 그러다 보니 저가 항공사의 티켓을 살 때마다 망설이게 되는 것은 당연한 일이다. 그러나 제트블루는 저가 항공사인데도 그런 구매 장벽을 없앴다. 넓은 좌석 공간에 가죽 시트, 위성 텔레비전, 무료 기내 이메일 서비스 등 주요 항공사에서도 제공하지 않았던 고객 만족 서비스를 통해 저가 항공사의 낡고 비좁은 좌석을 안락한 공간 이미지로 탈바꿈시켰다. 또한, 캔 음료 및 커피의 무제한 제공이라는 파격 서비스로 기존의 서비스에 대한 고정관념을 깨뜨렸다. 게다가 회사 임원도 분기별로 목적지를 맡아 비행기에 탑승하여 승무원과 함께 일하고 커뮤니케이션 하면서 직원과의 연대감을 높이고, 승객의 목소리도 직접 듣는 방식으로 현장경영을 중시한다.

　이렇게 임원부터가 친절서비스를 중요한 포인트로 삼고 있다. 그래서 친절서비스를 기대하지 않았던 승객에게 뜻밖의 좋은 기억으로 남을 수 있었고 그들이 다시 찾도록 했기 때문에 지금의 결과를 얻을 수 있었다. 그런데 어느

국적의 어느 회사 비행기를 타건 비행기에서 내릴 때 꼭 나오는 인사말이 있다. "이번 저희 항공사와 함께 한 여행이 즐거우셨습니까? 목적지까지 안전하게 가시고 다음에도 저희 항공사를 이용해 주실 것을 기대합니다. 안녕히 가십시오. 감사합니다." 그런데 그때마다 속으로 '선택의 여지가 없어 그냥 탄 것뿐인데, 게다가 별로 즐겁지도 않았는데 뭘 또 만나?' 하며 되묻곤 한다. 모르긴 해도 나만의 생각은 아닐 것이다. 그러나 제트블루는 승객에게 제트블루와의 다음 비행도 즐거운 추억이 될 거라는 확신이 들게 한다. 왜냐하면, 제트블루는 저가 항공사의 특징인 가격으로만 승부를 겨루지 않고, 질 좋은 서비스로 경쟁했기 때문이다.

그렇다. 우리는 말하기에서도 상대방이 오케이 할 수 있는 뜻밖의 메시지를 던져주어야 한다. 고정관념을 깨는, 그래서 감동할 수 있는 부분이 내 말 속에 있어야 한다. 쇼핑 호스트가 TV에 나와서 제품 이야기를 하면 또 '나한테 물건 팔아먹으려고 하는구나!' 라는 빤한 고정관념을 깨주는 접근이 필요하다.

몇 해 전, 아버지상을 치른 지 채 한 달도 되지 않아 방송에 복귀한 적이 있다. 그간의 불효에 대한 반성으로 마음이 꽤 좋지 않을 때였다. 그런데 공교롭게도 5월 어버이날을 앞두고 홍삼방송을 하게 되었다. 가뜩이나 효에 대하여 뼈저리게 되새기던 찰나여서 부모님께 선물하라는 멘트를 하는데 갑자기 울컥했다. 순간 카메라 스태프가 발 빠르게 내 얼굴을 크게 잡으며 극도로 고조된 감정을 살려냈다. 나는 눈물로 충혈된 눈으로 돌아가신 부모님께 이렇게 좋은 선물 한 번 못해 안타까운데 아직 부모님께서 살아 계신 분이라면 무조건 사드려야 한다며 나의 진심을 담아, 효를 실천하시라고 했다. 빠르고 높은 목소리로 조건만을 내세우며 홍삼을 사라고 강요할 줄만 알았던 고객들에게 그날 홍삼방송은 보통의 홈쇼핑답지 않은 약간의 감동이 느껴지는 색다른 방송이었다. 빤한 홈쇼핑을 기대하였던 사람들에게는 일종의 반전이었으리라. 그날 매출은 다행히도 평소보다 더 좋았다. 고정관념을 깨는 기대 이상의 말 한마디를 통하여 고객과 진심으로 소통할 수 있었다는 사실에 가슴 깊이 뿌듯했다.

일반적으로 소문난 음식점에 가면 손님이 바글바글하다. 손님은 넘쳐나고 그에 비해 종업원은 몇 안 되다 보니 종업원은 늘 정신없이 바쁘다. 어느덧 상황은 반전되어 정작 대접을 받아야 할 손님이 오히려 종업원의 비위를 맞추며 서비스를 부탁하는 꼴이다. 소위 잘 나간다는 음식점은 대개, 종업원과 눈 맞추기도 어렵고 테이블의 벨 한 번 누르는 것도 눈치 봐야 하는 것이 우리의 현실이다. 이렇게, 맛있는 음식점에 갔다가 기대에 못 미치는 서비스에 마음 상하여 돌아온 경험이 더러 있을 것이다.

이런 와중에 손님을 주인으로 섬기는 패밀리 레스토랑이 생겨 이목을 끌었다. 국내에 진출한 일부 패밀리 레스토랑 중에는 음식 맛도 맛이지만 아무리 손님이 많아도 늘 웃는 낯으로 무릎 꿇고 고객을 응대하는 섬김 서비스로 우리를 놀라게 하는 곳이 있다. 맛있는 음식으로 배짱을 튕기면서 장사해도 될 법 한데, 당시에는 친절이 과해도 그렇게 과할 수 없었다. 그래서인지 매출성장세는 대단했다. 맛도 맛이지만 우리의 고정관념을 깨는 질 좋은 서비스가 가족의 외식장소로, 연인들의 데이트 장소로도 아주 적합한 공간으로 자리 잡은 것이다. 음식 맛이나 분위기로 봤을 때 굳이 그런 과도한 서비스가 없어도 충분히 매출이 좋을 것 같은데 기대 이상의 서비스까지 한 몫하니 그야말로 감동 그 자체였다. 패밀리 레스토랑의 경우도 예상밖의 극진한 서비스로 고정관념을 깬 예이다.

 상대의 고정관념을 깨는 새로운 접근을 우리의 스피치에도 시도한다면 제트블루 항공사처럼 매출 증가까지는 아니더라도, 상대에게서 기대 이상의 만족과 감동을 얻을 수 있을 것이다.

● *진심은 언제 어디서나 통한다*

할리 데이비드슨

　우리는 할리 데이비드슨 하면 가죽 재킷, 화려한 문신, 두건, 선글라스, 헤비메탈을 떠올린다. '우다다다' 탱크 지나갈 것 같은 우람한 소리가 뇌리를 스친다. 그래서 사실 할리 하면 많은 사람의 머릿속에는 좀 불건전한 모습이 먼저 떠오른다. 그런데 대중적이지 못한 할리가 요즘 다시, 그것도 많은 대중에게 갑자기 주목을 받기 시작한 이유는 무엇일까? 성능이 좋아서라고 단정지을 수만도 없다. 왜냐하면, 성능 면에서는 BMW보다 한 수 아래다. 그렇다고 가격이 저렴하지도 않다. 오토바이치고는 비싼 천5백만 원 이상으로 소음도 크고 승차감도 불편하다. 가격대비 효율성이나 현대적인 감각 면에서는 혼다에 뒤진다. 그럼에도, 왜 할리가 다시 주목을 받게 된 것일까? 분명히 이유가 있을 것이다.

　자동차가 없었던 시절에는 동물이 운송수단으로서 큰 역할을 했다. 농경사회에서는 소가 큰 역할을 했고 그 이외의 이동수단은 주로 말이었다. 여행 가서 한 번이라도 말을 타 본 사람이라면, 말을 탈 때 특유의 흔들림이나 경쾌한 말발굽 소리가 잘 잊히지 않는 유쾌한 경험으로 남아 있을 수 있다. 심지어 그 말발굽 소리와 출렁이는 느낌을 즐기는 사람도 있을 것이다. 아마도 그 옛날 거친 느낌이 드는 이동수단의 원형에 대한 향수이리라. 말을 타고 달리는 것이야말로 원형에 가장 가까워지는 것이다.

할리는 말을 타고 달리는 그 원형의 감성을 제대로 재현해 주고 있다. 할리의 겉모습은 전통적인 틀을 유지하면서 최신기술의 디자인을 덧입혔고, 말을 타는 라이더(운전자)의 가슴을 울리는 '다그닥' 하는 말발굽 소리를 최대한 느낄 수 있게 그 느낌을 살렸다. 그래서인지 요즘은 할리의 '부릉부릉' 하면서 '따다다다' 하는 출발 소리가 멋있게 들린다. 할리는 마치 말을 타듯 위아래로 리듬감 있게 움직이는 독특한 느낌을 제공한다. 바로 이런 소리와 느낌이 원초적인 본능을 깨워 할리를 다시 우리 곁으로 불러들였다. 할리에 열광하는 사람은 누구도 못 말린다. 이동수단의 원형이었던 말의 특징을 최대한 현대적으로 구현해 낸 것이 바로 할리이기 때문이다.

이런 강한 자극으로 마니아층이 형성된 할리처럼 우리의 말하기에서도 날 것 그대로의, 원형(raw)의 만남을 만들어 보는 것은 어떨까? 그런데 말하기에서의 원형은 무엇일까? '나의 진심을 전하는 일'이 아닐까! 말 한 마디 한 마디에 진심을 전할 수 있어야 한다. 가식이 없는 상태에서 내 생각과 마음을 상대에게 전해야 한다. 아무리 좋은 말이라도 진심이 전달되지 않으면 의미가 없다. 또한, 내 말을 치장하는 데에 너무 열중하지 않아야 한다. 미사여구(美辭麗句)가 진심을 전하는 말하기의 원형을 구현하는 데에 도움은커녕 오히려 방해될 수 있기 때문이다. 그래서 스피치의 원형을 잘 구현하면 서로 통할 수 있다. 마치 너와 내가 하나가 된 것처럼 같은 행동, 같은 사고, 같은 말을 할 수도 있다. 즉, 진심으로 내 생각을 말하고 소통하면 통할 수 있을 것이다. 할리에서 되찾은 오토바이의 원형, 즉 말발굽의 경쾌한 소리와 출렁이는 안장의 느낌이 우리에게 오히려 정서적인 안정을 준 것처럼 말 속에서 원형을 제대로 보여줄 수 있다면 말하기의 기본을 갖추면서 안정적인 스피치로 상대에게 감동을 줄 수 있을 것이다.

  진심이 담기지 않은 대화와 제품으로 상대방을, 소비자를 감동하게 할 수 없다. 진심이 담기지 않으면 아무런 의미가 없다. 울림 없는 공허한 메아리가 되어 돌아올 뿐이고 아무리 화려해도 제 빛을 발휘하지 못한다. 그것을 가장 먼저 알아보는 사람은 상대방과 고객이라는 점을 명심하자.

  점점 바빠지는 현실 속에서 우리의 언어가 너무 사무적이지는 않았는지 한 번쯤 뒤돌아 볼 필요가 있다. 말을 탔던 과거로 돌아갈 수는 없으나 진심이 담긴 따뜻한 말 한마디가 우리에게는 생생한 진심을 담은 말발굽 소리처럼 다가오지 않겠는가? 왜냐하면, 진심이 담긴 스피치는 감동을 주기 때문이다. 우리도 일상에서 말할 때 말의 원형을 늘 염두에 두고 진심 어린 표정과 말로 상대방에게 다가간다면 많은 사람과 통할 수 있다.

  이처럼 마음속에 숨어 있던 원형을 자극하여 시대를 초월해서 다시 많은 대중으로부터 관심과 사랑을 받고 있는 할리처럼 상대의 마음속에 강한 울림과 떨림으로 그의 마음을 출렁이고 요동치게 하면 당신도 스피치에서 시대를 초월한 사람으로 상대의 진심을 얻어낼 수 있을 것이다.

● 군더더기 말고 핵심만을 말하라

미니멀리즘의 대표, 조르지오 아르마니

미니멀리즘의 대표, 조르지오 아르마니. '말하기를 논하는데 웬 패션디자이너?' 라고 의아해하는 분이 있을 수 있다.

하지만, 우리에게 오랜 기간 변함없이 사랑을 받고 있는 조르지오 아르마니의 패션철학을 이해한다면 공감의 탄식이 절로 나올 것이다. 아르마니를 말하기 전에 하나의 패션 사조인 미니멀리즘에 대하여 우선 이해할 필요가 있다.

미니멀리즘의 사전적 의미는 '단순함과 간결함을 추구하는 예술과 문화적인 흐름'이다. 미니멀리즘은 2차 세계 대전을 전후해서 시각예술 분야에서 등장해 음악, 건축, 패션, 철학 등 여러 영역으로 확대되어 다양한 모습으로 나타나고 있다. 이런 미니멀리즘이 반영된 조르지오 아르마니의 스타일을 한마디로 말한다면 절제된 우아함이라고 할 수 있다.

매년 새로운 컬렉션(의상발표회)을 통해서 다양한 스타일을 선보이고 있지만, 아르마니 패션의 기본은 베이직 디자인이 주를 이루는 군더더기 없는 세련됨, 즉 미니멀리즘이다. 세계적으로 끊임없는 사랑을 받는 스타일 중 하나인 아르마니 스타일은 보기에 예쁜 옷보다는 입었을 때 몸에 감기는 듯 편안하고 착용감이 뛰어난 옷으로 평가받는다. 아르마니 의상의 오묘한 패턴라인과 소재의 적절한 조화는 별다른 디자인 없이 그 자체만으로도 아주 훌륭한 옷이 될 수 있음을 보여준 확실한 선례이며, 그러한 그만의 패션철학은 정말 존경할 만하다. 미니멀리즘의 사전적 정의와 이를 현실에서 구현한 아르마니의 패션을 통하여 실제 미니멀리즘을 좀 더 쉽게 이해할 수 있다.

미니멀리즘을 말하기에서도 그대로 적용할 수 있다. 특히 평소 본인의 말이 장황하다는 이야기를 주위에서 많이 듣는 사람에게는 정말 금과옥조와도 같은 의미가 될 수 있다.

미니멀리즘을 적용한 말하기는 시간이 곧 생명인 홈쇼핑 방송에서도 확인해 볼 수 있다. 백화점이 매장 면적으로 승부를 건다면 홈쇼핑 방송은 시간으로 승부를 겨루는 곳이기 때문에 제한된 시간 안에 절제된, 꼭 필요한 정보를 소비자에게 얼마나 잘 효과적으로 전달할 것인가가 상당히 중요하다. 10분 동안 설명할 때 상품의 소구점 열 가지를 쉴 새 없이 1분에 하나씩 나열하는 쇼핑 호스트가 있다. 하지만, 불과 5분 만에 상품의 소구점을 확실하게 전달하는 쇼핑 호스트도 있다. 쇼핑 호스트가 볼 때 열 가지 소구점이 아무리 중요해도 시청자로서 열 가지를 다 기억하기란 어렵다. 그래서 말하기에는 아르마니의 패션처럼 상대방의 뇌리에 쫙 감기는 절제된 한마디가 절실하다. 만약 시청자가 내 말 중 한 가지만이라도 기억한다면 성공한 프레젠테이션이 될 수 있다.

하지만, 많은 내용을 전달하는 쇼핑 호스트로서는 시청자가 모든 정보를

다 기억해 주기를 바라지만 실제로는 그렇지 못한 게 현실이다. 인간의 인지 능력의 한계이다. 그렇다면 엄격하게 쳐내야 한다. 모두 전달하지 못할 것이라면 확실한 몇 가지라도 시청자의 기억 속에 남겨 놓아야 한다. 아주 미니멈하게, 최소한으로 말이다. 그래야 매출로 이어지고 그 쇼핑 호스트는 억대 연봉의 스타 쇼핑 호스트 대열에 올라설 수 있다. 비단 시간을 다투는 홈쇼핑에서뿐 아니라 모든 스피치에서도 나의 핵심을 정교하게 상대에게 전달하는 건 기본이다. 그래서 메시지는 단순해야 한다. 모든 것을 전할 수 없다면, 한 가지라도 제대로 전해야 한다. 제한된 상황 속에서는 더욱이 그렇다. 현대인들은 많은 것을 접하고 살아간다. 누구나 즐길 수 있는 뷔페보다 전문 식당을 찾는 이유는 무엇일까? 그 집에서만 맛볼 수 있는 전문성 있는 한 가지 요리의 고감도 미각이 주는 기쁨 때문 아닐까? 말하기도 다르지 않다. 단순화하려면 곁가지를 과감하게 쳐내고 중요한 정보만을 남겨야 한다. 메시지는 단순하되 내용은 의미가 있어야 한다.

어떻게 하면 전달하려는 메시지를 단순 명료하게 할 수 있을까?

내 사례를 한 가지 소개해 보겠다. 광고회사에서 초짜 광고기획자로 근무할 때 내 눈에는 정말 모든 내용이 중요해 보였다. 제작팀에게 크리에이티브 브리프(creative brief : 광고기획자가 상품에 대한 콘셉트를 하나로 정해서 제작팀의 카피라이터, 그래픽 디자이너, CM 플래너와 제작회의를 하기 위한 기초자료)를 들고 가 회의를 해야 하는데 하나의 빛나는 소구점을 잡기가 너무 어려웠다.

영화 배급사 월트디즈니컴퍼니 코리아가 광고주였던 시절에 '진주만'이라는 영화를 마케팅 한 적이 있었다. 전쟁영화 진주만은 로맨스가 상당 부분을 차지했다. 이 영화를 소비자와 커뮤니케이션할 때 액션 블록버스터가 좋을지, 로맨스 영화로 해야 할지 고민이 많았다. 결국, 영화 관람객 상당수가 액션영화를 선호한다는 이유로 여러 방면으로 고민했던 곁가지를 잘라내고 액션영화로 마케팅 했고, 덕분에 그 해 2백만이 넘는 히트영화로 기록될 수 있었다.

이처럼 광고는 하나의 강한 메시지가 있어야 한다. 그래서 단순해야 한다. 그때 만일 내가 '진주만'을 이것저것 애매하게 뭉뚱그려 로맨스 영화인지 액션 영화인지 모를 애매한 콘셉트로 설정했다면 마케팅은 분명히 실패했을 것이다. 마치 아르마니의 심플한 패션처럼 때론 간결한 커뮤니케이션이 소통을 훨씬 원활하게 할 수도 있음을 보여주는 대목이다. 따라서 아르마니의 간결한 패션철학을 이해하고 이를 말하기에 접목할 수 있어야 한다.

평소 내 말이 너무 길고 지루한 편은 아닌지 점검해 보라. 비록 수백만 원의 아르마니 슈트를 입어볼 수는 없어도, 그의 철학만큼은 나의 말하기에 실천해 보자.

군더더기 없이 핵심을 찌르는 스피치로!

● *말 속의 숨은 행간을 읽어라*

이케아

스웨덴 하면 무엇이 떠오를까?

나에게 스웨덴은 그저 복지수준이 상당히 높은 북유럽의 잘 사는 국가로 월드컵과 올림픽 경기 때에나 TV를 통해 보게 되는 나라일 뿐이다. 그리고 내가 근무하는 홈쇼핑의 판매 제품 중 황실에서 사용한다는 여성용 에그 팩과 항공기 엔진의 기술력으로 탄생한 볼보 자동차 정도가 내가 알고 있는 스웨덴 상식의 전부다. 그나마 볼보 브랜드도 중국에 넘기고 그 명성만 남았을 뿐이고, 우리나라에 소개된 외국의 인기 가구 브랜드로서 온라인 쇼핑몰을 통해서 판매하거나 외국에서 알음알음 사서 오는 세련된 DIY 가구인 이케아가 유명한 정도다.

이케아는 우리 집에서도 책장 제품을 아주 요긴하게 잘 사용하고 있어 친숙한 스웨덴 브랜드이다. 스웨덴의 전설 잉바르 캄프라드는 17세에 이케아를 설립하여 세계적인 가구 기업으로, 엄청난 가구 왕국으로 성장시키는 이례적인 성공사를 썼다. 이케아는 32개국에 2백 2개 점포와 9만 명의 직원을 거느리고 있고 해마다 세계 4억 명 이상이 이케아 가구를 구매한다. 아프리카를 제외한 세계 네 개 대륙의 전 지역에서 가구 스타일을 주도하며 실용적인 디자인과 합리적인 가격, 완벽한 물류관리 등으로 사랑받고 있다. 이처럼 세계인의 마음을 사로잡은 이케아 왕국의 총수 잉바르 캄프라드의 재산은 얼마나 될까? 약 2백30억 달러의 재산을 소유한 그는 미국의 출판 및 미디어 기업인 포브스(Forbes)가 선정한 세계의 여섯 번째 부자라고 한다.

그렇다면, 무엇이 이케아를 세계 최고의 가구 브랜드로 만들었을까? 다음 한 줄의 문장을 통하여 이케아는 고객의 숨은 욕구를 파악해 내는데 뛰어난 통찰력이 있음을 알 수 있다.

> 잡화점에서 드라이버를 사들이는 고객의 진정한 욕구는 단순히 '구멍을 뚫는 것'이 아니라, '집을 아름답게 꾸미고자 하는 것'이죠.

역시 고객에 대한 이해와 접근이 남다르다. 현상을 뛰어넘는 숨겨진 이면의 문제를 인식할 줄 아는 모습이 세계적인 기업답다. 같은 맥락으로 국내의 한 골프장도 고객의 욕구를 간파한 다음과 같은 경영 철학으로 골프장을 운영하고 있다.

> 우리 골프장의 고객들은 단순히 '골프를 즐기거나 이겨야 하는 게임으로 보는 것'이 아니라 '사교를 통해 네트워크를 만드는 것'이다.

맞는 말이다. 골프 연습장에서 박세리 저리 가라고 할 정도로 눈에 띄게 자세 연구와 퍼팅 연습에 심취한 모습을 보이는 승부사들이 있다. 그런데 사실 그들이 그렇게 열심히 연습하는 이유는 정작 따로 있다. 파트너에게 골프를 한 수 가르쳐 주며 비즈니스를 좀 더 순탄하게 이끌기 위한 책략이다. 골프 약속을 빌미삼아 거래처 사람과 친목관계를 자연스럽게 도모할 수 있기 때문이다. 소위 골프 접대용이다. 다시 말해, 승부사들의 진정한 목표는 휴먼 네트워크, 인맥 형성하기이고 골프는 그것을 위한 수단일 뿐이다.

대화와 설득에서도 상대의 숨은 의도 파악이 가장 중요하다. 진짜 속뜻은 이면에 감춘 위의 두 가지 사례 역시, 말하기에 그대로 접목할 수 있다.

나는 국내 유명백화점에서 강사로 초대받은 적이 있다. 백화점 최고 고객인 소수 VVIP에게 유명상표의 제품과 브랜드를 소개해달라는 요청이었다. 사실 내가 백화점 VIP로 선정될 만큼 부자도 아니었기에 긴장하고 걱정도 했다. 무엇보다도 나로서는 그들의 생활방식을 제대로 알 수 없기 때문이었다. 그리고 내가 예전에 명품 잡화 MD(상품기획자)였다고는 하나 대중적 상표인 버버리나 베르사체 정도의 지식수준에 불과했다. 사실 대중적이지 않은 끌로에라는 명품을 다루기에는 걱정도 많이 되었다. 하지만, 기본에 충실하자는 생각으로 열심히 공부했다. 그래서 전날 상표에 대한 각종 자료, 올해 유행할 패션 동향 등에 관해서 촌각을 다투며 인터넷을 뒤지고 또 알고 지내는 스타일리스트에게도 전화를 걸어 자문했다. 이런저런 자료를 수집하고 생각을 정리하며 프레젠테이션 연습을 끝내고 미팅의 날이 밝았다.

평소 입지도 않던 슈트까지 깔끔하게 차려입고 30분 전에 강의장에 도착했다. 그런데 원래 20여 명이 초대됐으나 이런저런 이유에 더하여 하필 그날따라 폭설까지 내려 일곱 분만을 모시고 강의를 진행하게 되었다. 대다수가 명품 가방은 기본이고 유명상표의 옷과 신발로 온몸을 휘감고 있었다. 사실 처음 그런 자리에 가게 되면 누구나 주눅이 들 수밖에 없을 것이다. 무언지 모를 중압감에 가슴이 답답했다. 그래도 어쩌겠는가? 이왕 온 거 열심히 하자는 생각을 했다. 긴장도 풀 겸 어떤 분들인지 알고 싶어 강의 전 잠깐 대화를 나눴는데, 그들이 들려준 일상이 마치 드라마를 보는 듯했다. 나와는 거리가 너무 먼 다른 시대, 다른 세상 이야기였다.

그런데 대화 중에 대한민국 0.1%의 VVIP라는 분들이 왜 이 시간, 여기에 와서 내 강의나 듣고 계시는지 의문이 생겼다. 시간이 좀 흐르면서 그 이유를 알았다. 그들은 명품에 대한 이해가 필요해서 참석한 것이 아니었다. 참석 이유는 정말 어처구니없게도, 외로워서였다! 대화상대가 필요했던 것이다. 잘나가는 남편은 바쁘고, 잘난 자식들은 외국에서 생활하니 나이 들어가는 자신은 어디 맘 편하게 기댈 곳이 많지 않았다. 이런 행간의 숨은 사실을 알고 나니 오히려 강의가 쉽게 풀릴 수 있을 것이라는 직감이 들었다.

내가 누군가? 대한민국에서 아줌마 시청자들이 가장 즐겨 본다는 홈쇼핑의 꽃, 쇼핑 호스트 아니던가? 일단 어떤 분들인지 조심스럽게 파악해 나갔다. 경제력에서는 남부러울 것이 없는 분들이었다. 대다수가 잘 나가는 남편을 두고 외국여행도 1년에 열두 번도 모자라게 다니는 분들이었다. 자녀는 외국에서 살거나 공부 중이었고, 남편은 돈 버느라 정신이 없어 주부 혼자 집에 남아서 외로움을 느끼는 것은 당연하리라. 하지만, 주머니 속의 돈은 넘쳐나니 백화점 명품관에서의 쇼핑이 유일한 낙이자 위안인 사람들이었다.

사치스럽게 들릴 수도 있지만 소수의 부유층인 그들이 강의에 참석한 이유는 바로 외로움을 달래기 위함이었다. 내 강의가 끝나면 강남 호텔 유명 스포츠센터에서 마사지를 받기로 예약한 분들이 대다수였다. 명품강의가 중요한 것이 아니었다. 그보다는 말 상대가 되어줄 친구를 기대하고 왔다. 그래서 1

시간 강의 중 명품에 대한 설명은 30분 만에 끝이 났고, 오신 분들끼리의 명품 대화가 자연스럽게 오가도록 이끌었다. 서로가 가지고 있는 명품을 언제 왜 구매했는지 등의 이야기를 나눴다. 나와도 자연스럽게 홈쇼핑의 궁금증으로 수다(?)를 이어갔다. 나중에는 사적인 이야기로 넘어가 언제 결혼했느냐는 둥 처가에 잘하라는 둥 이런저런 조언까지 해주시며 오래 알고 지낸 사이처럼 함께 즐겁게 보냈다. 걱정은 공연한 기우였고 시간이 아쉬울 정도로 많은 이야기를 편안하게 나누었다.

명품에 대한 강의는 다소 부족했지만, 그들은 흡족해 하였고 강의 끝 무렵엔 다음을 기약했다. 대한민국 최상류층이 나를 강사로 초청한 진짜 목적은 명품에 대한 이해가 아니라 그들과 함께 해줄 말벗이 필요해서였다. 대단한 명품강의에 마음을 잔뜩 졸였는데 공연한 걱정이었다.

우리가 책을 읽을 때 행간의 의미를 파악하며 읽어야 작가의 진짜 의도를 파악할 수 있는 것과 같은 이치다. 또 종종 젊은 남자들이 수영장에 가는 진짜 이유가 수영이 아니라 늘씬한 여인들의 각선미를 훔쳐보기 위함과 같은 이야기가 아닐까 싶다. 하지만, 그들은 진짜 속내를 드러내 보이지 않고 친구에게는 수영하러 가자고 할 것이 틀림없다.

이렇듯 우리는 말 속에 숨어 있는 또 다른 진실을 읽어내는 혜안을 갖고 있어야 한다. 그래야 실수를 줄이고 상대방의 의도를 정확하게 파악할 수 있다. 고객과 상대방의 욕구와 의도에 맞출 수 있는 눈높이와 통찰력! 이는 개인뿐 아니라 기업에도 매우 중요한 요소이다. 그들이 추구하는 가치 이상의 무엇, 그들이 진정 원하는 것을 줄 수 있을 때 성공의 길은 열릴 것이다.

● *친숙한 것으로 쉽게 가자*

앤디 워홀, 듀폰 휴대전화, 펜처럼

　앤디 워홀, 스카이 사(社)의 듀폰 휴대전화, 올림푸스 사(社)의 펜(PEN). 이들의 공통점은 무엇일까? "창의력 테스트라도 하자는 거야?"라고 되묻는 사람도 있을 것이다. 힌트를 드리자면 앞에서부터 차례로 팝 아티스트, 휴대전화, DSLR 카메라의 이름이다. 지금부터 전혀 생뚱맞아 보이는 이 세 가지의 공통점을 찾아보자. 그 순간, 여러분은 숨은 스피치 공식을 하나 더 발견하게 될 테니까.

　우리는 일반적으로 예술이라고 하면 왠지 속부터 울렁거리고 나와는 거리가 먼 이야기로 생각해 버린다. 하지만, 그렇게 예민하게 받아들일 이유가 없다. 혹시 삼청동의 미술관을 한 번이라도 가 본 적이 있는가? 사실 나도 일이 아니라면 내 발로 전시회를 찾아가 본 적이 없다. 그런데 앤디 워홀은 우리에게 친숙한 생활 속 소재나 익숙한 인물과 상표 등을 작품의 모티브로 채택하고 작품 속에서 새롭게 구현해 내어 일반인들도 예술작품에 다가가기 쉽게 만든다. 동시에 우리가 이해하기 어려운 예술작품을 비교적 쉽게 알려주기에 마음이 편안해진다.

　예를 들어 본인의 작품 속에서 누구나 알만한 이름의 메릴린 먼로, 다이애너비, 케네디 대통령, 마오쩌둥, 스탈린, 권투선수 알리 등을 재창조한다. 통조림이나 비누, 콜라 상표 등도 작품 속에 이용한다. 또한, 실크스크린 기법을 미술작품에 최초로 도입하여 대량생산함으로써 한 사람의 소유물로 그칠 뻔한 그의 작품을 대중 누구나가 소유하고 즐길 수 있도록 제공하고 있다. 특정 소수의 즐거운 눈요깃거리로 끝날 예술세계를 대중 앞으로 끌고 나온다. 그것도 아주 쉽게 이해할 수 있도록 해주니 참 고마운 사람이다.

　그렇다면, 스카이 사(社)의 듀폰 휴대전화는 앤디 워홀과 무슨 관계가 있을까?

　우선 요즘 휴대전화 시장을 보면 하루가 멀다고 최신 디자인과 최고의 성능을 자랑하는 상품을 출시하고 있다. 휴대전화의 인기 수명이 너무 짧아 새 제품의 기능이 채 손에 익기도 전에 다음 상품이 줄줄이 선보인다. 그 짧은 틈새 내 눈길을 사로잡은 제품이 바로 듀폰 휴대전화다. 요즘은 세계적인 남성 전문 패션그룹으로 성장했지만, 웬만한 남자라면 무게 잡고 담배 피우던 시절 선망하는 라이터 브랜드 중 하나였던 듀폰을 알 것이다. 예전에는 라이터 제품으로 꽤 유명했고 심지어 어른들에게는 부의 상징이기도 했다. 라이터의 대명사였던 듀폰 브랜드가 지금은 휴대전화 제품으로 거듭났다. 스카이 사(社)의 휴대전화 위에 듀폰 고유의 다이아몬드 디자인과 '딸각' 뚜껑 여닫는 소리를 반영하여 휴대전화로 재탄생시켰다. 출시할 당시 아르마니 휴대전화와 프라다 휴대전화의 판매량을 넘어설 정도로 듀폰에 대한 로맨스가 있던 남성들에게 듀폰 휴대전화의 인기는 대단했다. 옛것에 대한 재해석으로 멋지게 성공한 경우라고 할 수 있겠다.

마지막으로 올림푸스 사(社)의 펜(PEN)을 알아보자. 앤디 워홀, 듀폰 휴대전화과 펜은 또 무슨 관련이 있을까? 이미 DSLR 카메라와 콤팩트 디지털카메라 한 대씩을 갖고 있는데도 불구하고 내가 정말 갖고 싶은 DSLR 카메라 1순위가 펜이다. 이 모델은 디지털 제품인 DSLR 카메라에 아날로그 감성을 입힌 디자인으로 국내에서 단 2시간 만에 동날 정도로 폭발적인 사랑을 받았다. 당시 강남 한복판은 펜을 사기 위하여 몰려든 인구로 몇백 미터나 되는 줄이 늘어섰고, 한참을 기다려서야 겨우 살 수 있을 정도였다. 2시간 만에 5백 대가 정식 발매되었고 예약 발매는 5시간 만에 1천 대 매진이라는 기록을 세웠다. 이 제품은 기능적 측면보다는, 1950년대를 주름잡았던 올림푸스의 아날로그 카메라 '펜' 시리즈의 외형을 감성세대에 걸맞은 현대적 외형으로 계승하여 승부를 겨뤘다. 최신 디자인과 재질로 재탄생하긴 했지만, 그 속엔 여전히 소비자가 원하는 아날로그적인 감성이 살아 있었다.

지금까지 앤디 워홀, 듀폰 휴대전화, 올림푸스 사(社)의 펜에 대하여 간단하게 살펴보았다. 그런데도 여전히 이 세 가지의 공통점에 대하여 '도대체 뭐가 비슷하다는 거지?' 하며 고개를 갸우뚱하는 분들도 있을 것이다. 그 공통점은 바로 소비자 관점에서 비교적 거리감을 느낄 법 하거나 받아들이기 어려울 만한 아이템을 '친숙함'이라는 콘셉트를 내세워 소비자와 쉽게 소통하고 있다는 점이다. 예술작품을 이해하기란 쉽지 않듯 매일 수도 없이 쏟아지는 휴대전화와 디지털카메라들 틈에서 제품을 기억하기도 좀처럼 쉽지 않기 마련인데, 이 세 가지는 친숙함이라는 옛것의 콘셉트를 살려 세상과 성공적으로 커뮤니케이션 했다는 점에서 궁극적인 공통점이 있다. 제품, 광고, 예술 모두를 대중과 커뮤니케이션 하는 작업으로 이해한다면 이들 사례를 통하여 말하기에서도 새로운 방법을 터득할 수 있다.

앤디 워홀은 예술작품에 유명인사와 유명상표를 활용하여 쉬운 메시지로 대중에게 다가갔고 듀폰 휴대전화는 예전 듀폰 라이터의 향수를 살려 친밀하게 다가섰다. 그리고 올림푸스는 과거 히트작인 '펜'의 고전적 디자인을 현대적으로 다시 중무장하여 소비자의 마음을 얻었다. 시대를 초월하여 우리에게 좋은 기억으로 남아 있거나 익히 잘 알고 있는 친숙한 대상을 커뮤니케이션의 중심축으로 삼은 것이 공통적인 성공 비결이다.

이 방법을 말하기에 접목해 보면 한마디로 상대방이 친밀하게 생각하는 소재를 찾아 말하라는 것이다. 그러면 생각보다 쉽게 대화를 이끌어 갈 수 있다.

예를 들어, 홈쇼핑 방송에서 소위 아줌마 소비자를 이해시키기 가장 어려운 경우가 바로 컴퓨터의 사양설명이다. 살림만 하는 40대 이후 아줌마에게는 낯설고 어려운 또 다른 세상의 언어일 수도 있는 CPU니 메모리니 하드디스크, 모니터 등등 생소한 컴퓨터 용어가 한 시간 내내 나오기 때문이다. 게다가 듀얼 코어 CPU의 설명을, "코어가 두 개라서 작업 처리 속도가 훨씬 빠르다."라는 말로 그들이 알아듣기 어려운 언어로 설명하고 만다. 존경하는 우리 대한민국의 아줌마들은 일단 듀얼 코어, CPU, 코어에서 짜증이 폭발한다. 심지어 그녀들의 학력수준은 대단히 높다. 아마 시청자 중에서도 '나 대학 나온 여자야.' 하는 사람들이 많을 것이다. 그럼에도, '이해를 못 하겠네.' 하는 분도 만만치 않게 많을 것으로 생각한다. 컴퓨터와 그다지 친하지 않은 홈쇼핑의 메인 고객층인 40대 이후의 주부를 어떻게 하면 이해시키고 방송에 끌어들일까?

　나는 고민 끝에 듀얼 코어를 청소기에 응용하여 설명해 보기로 했다. 듀얼 코어의 원리를 보여주는 그림과 함께 청소하는 사람의 이미지를 방송했다. 즉, 일상의 청소 상황에 빗대어 한 공간을 혼자 청소하던 방식이 싱글 코어라면, 같은 공간을 두 사람이 청소하는 형태가 듀얼 코어라고 설명했다. 그래서 싱글 코어보다 듀얼 코어의 속도가 훨씬 빠르다는 것을 소구하자 컴퓨터를 잘 모르는 주부조차도 그 어렵다던 싱글 코어니 듀얼 코어를 쉽게 이해하였다. 이렇게 이해하기 어려운 설명을 상대방에게 익숙하고 친숙한 사물이나 상황으로 바꾸면 이해와 공감을 쉽게 얻어낼 수 있다. 또 하나, 옛것의 장점을 새롭게 개선하여 좋은 반응을 얻은 듀폰 휴대전화나 펜이, 우리에게 이미 익숙한 과거의 제품을 통하여 소비자나 상대방의 감성을 일깨우고 폭발적인 사랑을 받은 것처럼 말하기에서도 통상적인 표현 대신, 친숙한 말의 전형으로서 향수를 느끼게 하는 격언이나 사자성어를 활용함으로써 의미 전달을 좀 더 쉽고 빠르게 하자.

　이것이 친근함과 보편성을 무기로 상대에게 거부감 없이 내 의사를 간단명료하고 빠르게 표현하는 방법이 아닐까 싶다. 낯선 세상에서 친숙함은 어쩌면 가장 중요한 무기일 수도 있다. 누구나 친숙한 것에 마음이 가고, 손이 가는 법이다. 당신은 편안한 사람인가? 당신은 편안한 대화를 구사하는가?
　복잡한 시대에 편안함으로 다가가라. 그러면 같은 말인데도 이해하기 쉽고 듣기 좋아 경청하는 즐거움을 만끽할 수 있을 것이다. 친숙한 것으로 쉽게 가자, 상대의 머릿속에 내 말이 회오리칠 수 있도록!

● *광고처럼 말 속에 감성을 심어라*

아이폰 4

아이폰 4 광고를 본 적이 있는가? 아이폰 4 광고는 보는 순간 사람의 체온 (36.5°)이 느껴진다. 그만큼 따뜻한 감성을 느낄 수 있는 훈훈한 광고라는 이야기이다.

멀리 출장 간 아빠에게 휴대전화로 생일날 케이크를 챙겨주는 딸아이의 모습, 시집가서 첫 집들이를 준비하는 부산한 딸을 바라보는 엄마의 표정, 농아 연인이 나누는 사랑의 수화…. 광고는 재즈 음악의 거성, 재즈 연주자 루이 암스트롱의 'When You're Smiling' 음악을 배경으로 우리가 일상에서 겪을 법한 따뜻한 추억을 통하여 새롭게 추가한 아이폰 4의 영상통화 기능을 강조한다. 통상의 현란한 내용의 자막도 과장된 모델의 표정이나 몸짓도 없다. 그저 일상의 따뜻한 사랑 메시지인 부녀·모녀·연인 사이의 사랑만 부각한다. 디지털에 아날로그의 감성을 담은 이 광고는 아이폰 4의 영상통화 기능이 그들을 사랑으로 묶는 연결고리라는 점을 어필하며 인식시킨다. 한 편의 영화 같은 캠페인성 광고가 잃어가는 우리의 감성을 자극하면서 아이폰 4는 공감을 이끌어내며 더욱 친근하게 다가온다. 의미 없는 내용이나 비교육적인 스토리로 우리 눈과 귀를 더럽히는 영상이 난무하는 요즘에 정말 보기 드문, 청량제 같은 광고다.

　이런 흥미로운 포맷의 광고는 좋은 브랜드 이미지를 구축하기 때문에 설령 소비자가 당장 구매하지 않는다 해도 향후에는 긍정적인 효과를 미칠 수 있다. 만일 당신이 스마트폰 광고를 제작해야 하는 CF 감독이라면 어떤 콘셉트를 살려 광고를 제작하겠는가? 제품의 기능에 초점을 맞출 것인가? 첨단 기능을 소개하는 천편일률적인 광고보다는 소비자가 느낄 정서적 공감대를 두드려라. 기능 뒤에 숨은 이면을 살려라. 잘 만든 광고는 전달 메시지가 분명하고 무엇보다 제품명이 정확하게 기억에 남는 광고이다.

　상대방에게 절대 잊히지 않는 강한 인상을 주고 싶은가? 그렇다고 이목을 끌기 위한 감언이설은 생각도 하지 마라. 당장은 귀가 솔깃하여 관심을 보일지 몰라도 수명이 짧고 소비자가 배신감을 느끼게 되는 등 어떤 경우엔 오히려 독이 되기 쉽다. 아이폰 4 광고처럼 당신의 말도 상대의 기억 속에 깊이 새겨지는 따뜻한 스피치가 되어야 한다. 한 편의 강렬한 CF처럼, 당신의 말에도 마음을 울리는 감성을 심어라. 그것만으로도 충분하다.

　요즘은 감성을 울리는 말이 참 귀한 시대이다. 어딜 가나 막말을 자주 듣게 된다. TV 프로그램도 솔직함을 넘어 지나친 막말 일색이고 청문회나 국정감사 속 국회의원을 보고 성장해선지 자라나는 꿈나무라는 중·고등학생의 입도 도가 지나칠 정도로 상스러운 말까지 쉽게 내뱉어 걱정스럽다.

　세태가 세태이다 보니 서울의 한 초등학교는 학교에서 존댓말로 대화하기를 실천했다. 존댓말 실천을 계기로 비속어는 사라지고 아이들끼리도 서로 존경하는 습관이 자리 잡았다고 한다. 말이 바뀌니 행동도 바뀌었다. 아이들이 나쁜 게 아니라 습관이 정말 무섭다. 말하는 직업을 가진 사람으로서 말의 중요성과 말에 대한 책임을 다시 한 번 느낀다.

각박한 사회, 치열한 경쟁 속에 사람들은 지치고 감정은 점점 메말라 간다. 시대를 초월한 감성적 가치를 발견하라. 그리고 대화에 표출하라. 원색으로 색칠한 도화지 위에 또 다른 원색을 칠해 봐야 별로 눈에 띄지 않는다. 현란한 감언이설에 사람들은 이미 지칠 대로 지쳐 있다. 영리한 시청자는 이제 더는 달콤한 말로 조건만 떠들썩하게 내세우며 유혹하는 홈쇼핑방송은 집중하지 않는다. 소음 공해일 뿐이다.

감성 스피치로 당신의 솔직함과 따뜻함을 호소하라. 그들의 감성에 호소하라. 분명히 귀 기울이고 마음은 물론 지갑을 열 테니까. 시대가 아무리 각박해도 따뜻한 감성이 실린 스피치는 '통(通)' 하기 마련이다.

● 스피치는 나만의 문화다

스타벅스 혹은 할리 데이비드슨처럼

자판기 제품이라 해도 캔 커피는 통상 비싸야 천 원이면 충분하던 시절이 있었다. 1999년 미국의 스타벅스가 들어오면서 외국산이라는 이유로 커피의 몸값이 하루아침에 네 배나 뛰었다. 귀족 커피라고는 하지만 7, 8천 원 혹은 만원 정도하는 카페의 커피 값에 비하면 그래도 착한 가격이기는 하다. 스타벅스는 한국 출시 초기부터 폭발적으로 성장했다.

아마도 한국의 연간 국민소득이 2만 불로 높아진 타이밍을 노리고 국내시장에 뛰어들었기 때문인 것 같다. 그 당시만 해도 생소하던 스타벅스 커피 시스템을 계기로 비슷한 아류작이나 테이크아웃 커피 전문점 등이 우후죽순 생겨나고 몇 년 후에는 우리나라의 식품 대기업도 새로운 성장 사업 운운하며 너나없이 커피시장에 뛰어들었다.

국내외에 새로운 커피시장을 개척하며 큰 성공을 거둔 스타벅스의 성공 원인은 무엇일까? 바로 감성마케팅이다. 매장에 들어서면 가장 먼저 와 닿는 젊고 밝은 감각의 실내장식과 고급스럽고 은은한 조명, 고급 원두의 커피 향이 매장에 가득한데다 잔잔한 음악까지 분위기를 더하고, 바리스타가 직접 만드는 커피로 커피 애호가의 구미를 당기며 마음을 사로잡는다. 고객은 커피 한 잔 값을 내고 스타벅스라는 브랜드 혹은 스타벅스의 문화를 구매하고 있다는 충족감에 빠진다. 그들에게 스타벅스는 단순히 커피를 파는 곳이 아니다. 그곳은 잠시나마 집과 직장에 대한 생각이나 걱정에서 벗어나 편안하게 쉬면서 대화를 나눌 수 있는, 커피 문화를 제공하는 새로운 장소이다. 스타벅스는 이렇게 스타벅스라는 브랜드가 만들어 내는 그들만의 문화 가치를 판매하며 지속적으로 성장해 오고 있다.

미국의 모터사이클 제조업체인 할리 데이비드슨은 어떨까?
맥도날드, 코카콜라 등과 더불어 미국 문화를 대표하는 할리는 1960년대 '이지라이더(운전자)'라는 영화를 통하여 히피 문화의 대명사로 자리 잡았다. 영화 '이지라이더' 속에서 주인공은 미국의 의미와 진정한 자유를 찾기 위하여 미국을 횡단하기로 하고 마약을 팔아 할리 데이비드슨 오토바이를 마련한다. 덥수룩한 장발에 가죽점퍼를 입고 할리를 타면서 사회의 낡은 관습으로부터 일탈을 시도하지만 결국 좌절한다는 스토리다.

이 영화를 통하여 할리는 단순한 운송수단 이상의 문화적 매개체로 자리 잡게 된다. 당시 관객들은 할리를 히피의 삶을 동경하는 대리 만족의 수단으로 다시 보게 되었다. 그러나 1980년대 일본의 혼다와 야마하 오토바이의 인기에 밀려 고전하며 잠시 휘청거렸다. 할리는 가장 미국적이면서 야성미 넘치는 남성들을 위한 오토바이를 표방하면서 감성과 문화를 파는 기업으로 다시 등장했다. 복귀는 성공적이었다. 단순히 오토바이를 파는 제조업체가 아니라 '반항적인 생활방식' 문화를 전 세계에 파는 문화기업으로 탈바꿈했기 때문이다.

할리는 얼굴에는 덥수룩한 턱수염에 선글라스를 끼고 검은색 가죽 재킷에 카우보이 스타일의 부츠를 신은 미국의 거친 남성적 이미지 자체이다. 할리의 소리는 사뭇 다르다. 할리의 트레이드마크인 귀청이 떨어져 나갈듯한 강력한 엔진 굉음은 확실히 일본 오토바이의 소리와는 다르다. 이 모든 특징이 할리가 가진 할리만의 차별성이다. 한때 일본의 오토바이 때문에 휘청거렸던 할리는 이런 문화적 배경을 기반으로 다시 대중의 품으로 돌아왔다. 오토바이는 일반 대중에겐 그저 탈것에 불과하지만, 할리에 대한 열정이 많은 할리의 고객과 딜러, 직원에겐 마치 종교와 같은 존재이다.

스타벅스와 할리 데이비드슨 두 개의 브랜드가 그저 제품만을 팔았다면 고작 동네 수준에 머물렀을 것이다. 그러나 그들은 제품 대신 자신만의 차별화된 문화를 팔며 대중과 소통하는데 성공했다. 우리도 스피치 속에 나만의 독특한 문화를 살려 소통한다면 나 자신을 즐겨 찾는 페인이 생겨나지 않을까?
나만의 문화로 소통한다는 것은 무엇일까?
타인과 소통할 때 우선 나만의 색깔, 특유의 향기가 느껴져야 한다. 눈빛, 표정, 제스처, 옷차림, 액세서리 등 외모와 목소리의 높낮이, 말의 속도, 어휘 선택 등 나를 나타낼 수 있는 다양한 코드로 상대와 소통한다는 의미이다. 상대가 느끼는 내 문화란 상대에게 남은 인상과 이미지이다. 참 세련된 사람이군, 지적이야, 우직한 면이 있어, 참 재미있네, 너무 성질이 급한 것 같아, 첫인상과는 다르게 참 매력 있는 사람이야 같은, 그가 나를 통하여 느끼는 하나의 현상이다. 이런 하나의 또렷한 이미지는 그 사람만의 총체적인 문화를 바탕으로 이루어진다.
친한 사이이든 처음 만난 사이이든 늘 마음가짐과 태도 하나하나에 신경을 써야 한다. 왜냐하면, 나를 만난 상대방은 다양한 부분을 통해 혹은 내가 생각지도 못했던 모습을 보고 나를 느낀 후 나를 관통하는 하나의 상(象), 이미지를 형성하기 때문이다. 이야기 중에 눈빛이 산만하거나 손으로 볼펜을 돌리고 다리를 떨고 있는 사람이 있다면 말을 듣는 사람은 집중할 수 없고 그에 대해 상당히 불안한 이미지를 갖게 된다.

반면에 세련된 슈트를 입고 향수를 은근히 풍기며 부드러운 목소리로 말을 하는 상대였다면 그는 유쾌한 이미지로 기억될 것이다. 이처럼 당신의 일거수일투족이 당신에 대한 하나의 이미지를 상대방에게 형성하는데 절대적인 영향을 미친다. 그래서 우리는 나의 모습, 나의 문화가 어떤 상태인지 확인하고 점검해 볼 필요가 있다. 마찬가지로 보통 우리가 갖는 일본에 대한 이미지는 대체로 깔끔하고 깐깐하고 철저한 나라이다. 도로, 교통 등이 상당히 잘 정리되어 있고 깨끗하고 목욕문화가 발달해서인지 상당히 청결하다는 생각이 든다. 또 연필, 볼펜 등 사소해 보이는 제품을 한개 만들어도 흠 잡을 데 없이 똑 부러지게 생산하는 나라가 일본이다. 이렇게 우리는 길거리의 정돈 상태, 공산품의 질, 목욕습관 등 다양한 모습을 통하여 일본이라는 나라의 이미지를 총체적으로 생각하게 되는데, 그것이 바로 일본의 '문화' 이다.

만일 스타벅스가 단순히 커피만을 팔고, 할리 데이비드슨이 별생각 없이 그저 그런 오토바이를 파는 회사였다면 지금의 성공은 절대 꿈도 꿀 수 없다. 상품이 아니라 문화를 팔아서 성공한 스타벅스, 할리 데이비드슨처럼 타인과 성공적인 커뮤니케이션을 하고 싶다면 당신의 문화부터 점검해 보아라.

당신의 문화가 곧, 당신의 브랜드다. 나만의 매력적인 문화를 나만의 브랜드로 만들어 나가는 것이 미래사회에서 가장 큰 경쟁력이 될 것이다.

● *유머와 위트, 센스를 섞어라*

잘살아보세, SHOW

KTF는 2007년, 이동통신업계에 파란을 일으키며 국내 마케팅 수준을 획기적으로 끌어올린 브랜드 SHOW를 런칭(시작)했다. 세상이 원하는 새롭고 혁신적인 브랜드 마케팅의 시작이었다. 만년 2위에 머물렀던 KTF가, 3G 시대를 맞아 KTF 사임을 철저히 숨기고, 새로운 브랜드로서 SHOW를 내세운 이 단절 전략은 시장에 그대로 통했고, 이동통신 업계의 기록을 갈아 치우며 단숨에 3G 시장의 1등 브랜드로 자리 잡았다.

복잡한 기능의 휴대전화를 이해하고 사용하기도 쉽지 않은데 3G는 또 뭐란 말인가? 내 무능이 아니라면 빠르게 변화하는 모바일 환경을 탓할 수밖에 없다.

3G를, 화상 통화가 가능한 서비스라고 소개하기에는 너무 낡은 표현이다. 소비자의 머릿속에 남을 만한 참신한 아이디어가 필요하다. 이 새로운 패러다임의 서비스를 어떻게 해야 소비자에게 재미있게 전달할 수 있을까? 화상전화를 하는 모습을 무덤덤하게 보여줄 수도 없다. 판매당담자인 마케터는 고민이 많다. 쉽고 재미있으면서도 매력적으로 다가갈 무엇이 필요했다. (대

중의 이목을 끈 광고 SHOW를 런칭한 광고기획자가 대홍기획 동기였다는 사실을 나중에야 알고 으쓱했다. 어려운 콘셉트를 폼 나고 쉽게 잘 뽑아 마케팅 했기 때문이다.) 무미건조한 기술혁신의 변화를 그저 기술적인 시각으로 마케팅 했다면 많은 소비자가 외면하였을 것이다. 그런데 커뮤니케이션에 능한 광고장이들은 아주 쉽게, 그리고 한 번도 시도한 적이 없는 도구를 사용하여 관심을 끌고 서서히 소비자에게 다가간다. 그것도 아주 유쾌하게 말이다.

처음에 티저광고(광고의 대상자에게 호기심을 제공하면서 광고 메시지에의 관심을 높임과 동시에 후속광고에의 도입 구실도 하는, 호기심 유발 광고)로 선보인 SHOW는 광고에서 정말 금기시하는 충격적인 장면들을 담았다.

그만큼 앞으로 휴대전화 사용에 엄청난 패러다임의 변화가 일어날 것임을 암시한다. SHOW 광고에는 2G 세대와의 단절을 의미하는 개념으로 묘비가 나오는데, 사실 묘비 같은 부정적인 이미지의 화면은 담지 않는 것이 광고업계의 불문율이다. 이후 소개한 〈탄생〉 편에는 정자와 난자가 만나서 핵분열을 일으킨다. 무언가 새로운 탄생의 의미를 예고한다. 이러한 충격적인 장면과 상당히 독창적인 콘셉트로 소비자들은 서서히 SHOW를 알게 되었고 영상통화 시장의 선두주자로 인식하게 되었다. 다양한 형식의 티저를 통하여 소비자에게 어필한 광고 시리즈는 엄청난 반응을 보였다. 충분한 설명도 채 하기 전에 소비자 사이에 화제가 되고 소비자가 스스로 3G 서비스를 공부하고 이해하기 시작했다. 궁금하게 속만 태우던 SHOW가 이후 우리 일상으로 들어왔다. 공개 후에는 SHOW를 함으로써 다양하게 변화한 우리 삶의 모습을 재미있게 광고를 통하여 꾸준히 보여주었다.

프랑스에서 전화를 걸어 프랑스어를 유창하게 구사하는 상대방에게 식사 주문을 한다든지 노래방에서 술 마시며 노래 부르는 아버지가 거짓말하다 들키는 모습, 사랑 고백을 하는 모습 등 일상의 모습을 통하여 SHOW를 좀 더 쉽게 이해하게 해주었다. SHOW 광고는 결국, 우리가 모두 쇼의 주인공이 될 수 있음을 말하여 준다. '크리에이티브(독창적·창의적)한 광고란 이런 것이다.'를 보여주는 모델이 바로 SHOW 광고다. 치열한 휴대전화 서비스 시장에서 쉽고 재미있게 소비자에게 커뮤니케이션 하고 성공한 경우다.

광고뿐이겠는가? 내가 일하는 홈쇼핑에서도 재미있는 하나의 콘셉트를 화면과 멘트 전체에서 녹여낸 방송이 있었다. 일반적으로 홈쇼핑의 보험 방송은 정보 방송에 가까워 정말 관심이 있지 않고서는 그냥 채널을 돌리게 된다. 오락적인 요소라고는 눈곱만큼도 볼 수 없다. 그래서 모 회사의 연금보험 방송을 기획하면서 보험방송도 재미있게 만들어 보자는데 의견을 모았다.

'잘살아보세'라는 노래가 유행했던 1960년, 1970년대의 그야말로 '입에 풀칠하기도 어려웠던' 시절을 패러디하여 연금보험을 소개하기로 했다. 당시 우리나라가 어려운 시절을 극복할 수 있었던 이유는 한푼 두푼 모은 저축의 힘 때문이었다. 이제는 먹고 살만하다고는 하지만 퇴직 이후가 두렵다. 앞으로는 어려운 노후를 위하여 연금보험 한 상품쯤은 갖고 있어야 한다는 사실을 어필하고자 했다. 세트며 조명이며 마이크도 경제적으로 어려웠던 그 시절로 돌아갔다. 1970년대를 연상케 하는 동그란 구슬 조명으로 무대를 장식하고 붓 마이크를 준비했다.

보험방송 진행 중 가장 인상적인 장면은 '잘살아 보세'를 배경음악으로 춤을 추면서 한 오프닝 인사였다. 신뢰가 생명인 보험방송에 다소 어처구니없어 보이는 쇼 오프닝은 그야말로 파격적이었다. 아무도 상상하지 못했던 일이 일어났다. 보험방송에 코러스를 하는 합창단과 섹시한 백댄서도 등장시켜 제법 70년대 무대의 구색을 갖추었다. 그런데 이런 엉뚱한 발상의 장치들이 빤하디빤한 보험방송에서 시선을 잡기에는 안성맞춤이었다. 게다가 KBS 2TV의 인기 프로그램 〈VJ 특공대〉의 목소리로 유명한 최철용 성우가 방송을 받쳐주니 흥이 절로 났다. 결과는 기대 이상으로 성공적이었다. 연금보험 첫 방송에서 100% 판매 기록을 달성하여 타 홈쇼핑의 부러운 눈길을 받았고 언론사에서는 인터뷰 요청을 해왔다. 대기업 월례회의 때 전 직원을 대상으로 하는 특강에 성공사례로 초청받아 강연하기도 했다. 정말 흥이 났다. 마치 아나운서가 예능 프로그램으로 나들이하는 기분이랄까? 어쨌든 그때의 정황을 이 정도로 요약하여 설명해야만 한다는 게 안타깝고 아쉽다. 때로는 어렵게 생각하기보다 쉽게 접근해서 풀어갈 때 정답을 얻는 경우가 있다. 어려운 것을 쉽게 전달할 수 있다면 굉장한 장점이다. 사람들의 속마음은 심각하고 어렵고 힘든 것을 꺼린다. 같은 조건에서 기왕이면 유쾌하고 유머감각이 뛰어난 사람에게 호감이 가는 것도 이 때문이다.

   기술적인 변화로 소비자에게 어필한 SHOW 광고와 재미없는 홈쇼핑의 보험방송을 확실한 콘셉트로 재미있게 접근한 '잘살아 보세' 연금보험 방송은 새로운 시각으로 다가감으로써 소비자에게 짜릿한 경험을 제공하고 내용을 쉽고 재미있게 전달한 성공적 광고 사례라고 생각한다.

   방송이나 광고에서만 이런 접근이 가능할까? 그렇지 않다. 말하기에서도 어려운 내용을 재미있고 쉽게 전달하는 방법은 무궁무진하다. 물론 말하는 사람 자신이 다양한 인생경험을 바탕으로 주제를 유머러스하게 잘 풀어나갈 수만 있다면 가장 좋을 것이다. 그러나 아직 인생경험이 짧다 보니 심각하고 어려운 내용을 쉽게 풀어나가는 재주가 많이 부족하다면 어떻게 일상에서 심각한 내용을 재미있고 쉽게 풀어나갈 수 있을까? 하는 이 부분을 늘 고민하여야 한다.

유머와 위트를 섞어 재미있게, 풍자를 통하여 쉽게 내 이야기를 전하는 건 어떨까? 똑같은 물이라도 어떤 모양, 어떤 색의 컵에 담느냐에 따라 담긴 물의 형태가 바뀌는 것처럼 같은 말이라도 다양한 모양과 색을 입혀보자. 늘 똑같은 유리잔에 물을 마시면 지루하고 재미없겠지만, 같은 물이라도 색다른 잔에 담아 마시면 얼마든지 즐거울 수 있다.

책도 마찬가지다. 같은 〈삼국지〉라도 원서에 충실한 책이 있고 만화 형태로 출간한 책도 있다. 삼국지야 워낙 흥미 있는 고전으로 높은 판매량을 기록했다지만 만화 삼국지에 대한 반응도 만만치 않게 많은 사람의 관심을 끌었다. 정치 이야기도 그렇다. 같은 아이템이라도 뉴스 방송의 논평은 지겨운데, 코미디 프로그램의 정치풍자극은 정말 재미있다. 하나의 메시지이나 전달하는 주체의 성격에 따라 메시지의 집중도가 달라진다.

보험 영업도 하루살이가 힘든 현대인에게 암보험을 설계해주고 정작 판매할 때 당신은 암으로 죽을 수 있고 엄청난 병원비로 집도 날리고 길가에 쫓겨날 수도 있다는 위협소구 위주의 판매는 흥미롭지 않다. 대신 당신이 지금 가입하는 본 상품을 통해서 암을 극복하고 행복하게 백 세까지 살 수 있을 것이라는 희망적인 메시지 위주로 판매하는 게 피계약자에게 좀 더 좋은 인상을 남겨줄 수 있다. 그래야 또 다른 계약을 성사시킬 수도 있다.

심각한 사람보다는 항상 유쾌한 사람 주변에 사람이 많이 모이기 마련이다. 말하기에서도 정말 극단의 상황이 아니고서는 굳이 심각하게 말할 필요는 없다. 그러면 듣는 사람도 부담 없이 내 이야기에 좀 더 집중할 수 있지 않을까? 대화에서 사람을 끄는 힘도 어려운 내용을 비교적 이해하기 쉽게 풀어내는 데 있다. 듣는 사람이 귀를 쫑긋 세우고 들을 수 있게 쉽고 재미있게 이야기를 끌어가라. 사람을 끄는 특별한 비법이 스피치 속에서 드러나면 당신은 유쾌한 스피커이다.

상대에게 유익한 시간이길 바란다면 말에 유머와 위트, 센스를 섞어 유쾌해져라.

● 날개 달린 콘텐츠로 미래를 겨냥하라

노키아 VS 아이폰

2010년, 세계 최대의 휴대전화 회사로 휴대전화 분야 시장점유율 1위인 핀란드의 휴대전화 제조업체 노키아(Nokia)에 비상등이 켜졌다. 엄청난 애플리케이션(application, 어플, 앱. 애플리케이션 프로그램의 줄임말: 응용프로그램. 목적에 따른 전용 프로그램을 가리킨다. 예를 들면 게임 프로그램, 워드 프로세서 프로그램 등이 있다.)으로 무장한 스마트폰(Smart Phone)에 대해 대비를 하지 못한 탓이다. 시가총액도 블랙베리(BlackBerry: 2002년부터 RIM이 판 스마트폰) 제조사인 캐나다의 RIM(Research In Motion Limited, 리서치 인 모션의 줄임말)에 뒤지고 있는 것이 2010년 기준의 상황이다. 이런 상황을 누가 예상이나 했을까?

애플 사(社)의 아이폰을 시작으로 뜨겁게 달궈진 스마트폰 시장의 특징은 애플리케이션의 싸움이라고 할 정도로 스마트폰이 제공하는 서비스가 소비자에게 상당한 영향력을 미치고 있다. 앱의 활용에 따라 휴대전화는 작은 맞춤형 노트북이 될 수도 있다. 그래서 이러한 말도 있지 않은가? 스마트폰을 사용하려면 스마트폰 이용자가 스마트해야 한다는 절대 수긍할 수밖에 없는 우스갯소리 말이다. 기존의 휴대전화가 전화와 문자 전송의 단순한 기능에서 이제는 내 손안 미니 노트북처럼 상상 이상의 발전을 한 형태가 바로 스마트폰이다. 스마트폰의 인기비결은 다양한 애플리케이션이라는 콘텐츠에 있다. 아이폰 역시 우수한 애플리케이션때문에 인기가 있다. '콘텐츠의 시대'라는 구호가 한낱 구호로 끝나지 않고 우리 눈앞에서 현실로 일어나고 있다. 애플 사(社)가 '2010 포브스 선정 브랜드 가치 1위'에 올라섰다. 지혜롭게 미래의 콘텐츠 시장을 예감하고 대비한 애플 사(社)는 새롭게 비상하고, 과거에 머물러 있던 노키아는 미래가 걱정되는 상황이다. 이제는 휴대전화도 PC처럼 하드웨어적인 기기의 우수성보다는 그에 들어가는 소프트웨어라는 다양한 콘텐츠가 중요한 평가의 기준으로 바뀌었다. 쉽게 말해, 화려한 겉모습보다는 내면(속)의 실속이 더 중요하다는 이야기다.

휴대전화 시장도 다양함의 구현이라는 21세기형 콘텐츠 싸움으로 변해가고 있는데, 내 스피치는 변화의 노력 없이 과거에만 매달려 뒤처진 노키아처럼 너무 교과서적이고 이론적인 20세기형에 머물러 있지는 않을까? 주제(여기에서는 하드웨어에 비유) 전달에만 치우칠 것이 아니라 주제를 전달할 다양한 소재(소프트웨어에 비유) 혹은 사연, 즉 경쟁력 있는 콘텐츠를 갖고 있어야 한다. 그래서 앞으로는 말하기에서도 내가 말하려는 소재가 실생활과 얼마나 밀착된 내용의 커뮤니케이션인지에 대한 진지한 고민이 필요하다. 예를 들어 낯선 만남에서 마치 이력서를 읊듯 빤한 자기소개는 통하지 않는다. '어느 학교를 나오고, 부모님은 형제는, 지금 사는 곳은, 성격은, 어쩌구입니다.' 하는 방식을 벗어나야 한다.

팔색조는 아니어도 나를 표현할 수 있는 하나의 콘셉트를 발견하고 나를 표현할 수 있는 매력적인 포인트와 다양한 콘텐츠를 개발해야 한다. 예를 들어 만약 내 콘셉트를 사회성으로 정했다면, 그와 관련하여 남이 인정할만한 다양한 본인 소개를 할 수 있어야 한다. 그래서인지 요즘 지원자의 입사 이력서는 그야말로 형형색색이다. 이런 세태를 고려한다면 당신도 빤하지 않고 귀를 당기는, 힘 있는 말을 구사해야 한다. 만약 내 스피치에서 다양한 콘텐츠를 확보하지 못하면 영원할 것만 같던 휴대전화 브랜드 노키아처럼 나 또한, 콘텐츠로 무장한 사람에게 뒤처질 수밖에 없다. 반면 다양한 콘텐츠를 확보하고 있다면 애플처럼 상대방을 설득하는데도 큰 힘이 될 것이다.

나는 실제로 콘텐츠의 힘을 경험하고 놀란 적이 있다.
놀라운 콘텐츠의 소유자는 분당의 한 교회 목사님이다. 물론 호소력과 전달력 있는 설교를 요하는 특성상 목사님 중에는 능변가가 많다. 평소에는 집 근처 교회를 주로 나가지만 어느 주일날, 지인의 소개로 분당의 한 교회를 방문하게 되었는데, 목사님의 말씀이 정말 대단했다.
사실 목사님의 스피치 시선은 일반적 말하기에서는 그다지 좋은 방법은 아니라고 생각한다. 쌍방 소통이 아닌, 일방통행의 화자 위주 스피치이기 때문이다. (물론, 비언어적인 몸짓이나 표정까지 생각한다면 그 또한 쌍방 커뮤니케이션의 유형이 될 수도 있음을 인정한다.) 목사님은 본인의 설교 말씀에 모든 신경을 집중하다 보니 듣는 사람까지 배려할 겨를이 없기 십상이다. 종종 말씀 중에 꾸벅꾸벅 조는 성도가 있는 것도 그런 이유 때문이다. 그런데 그분은 정말 달랐다. 말씀이 살아 움직였다. 뛰어난 스피치 강사라고 해도 손색이 없을 정도였다. 모든 말씀에 다양한 화제를 아주 재미있게 접목하여 활용하셨다. 1시간도 넘어 까딱 지루할 수 있는 목사님의 설교는 잘 만든 블록버스터 영화 한 편을 보는 듯해서 시간이 지날수록 오히려 흥미진진했다. 별 기대 없이 갔던 분당 끝자락 교회 목사님의 주일 설교는 화려한 콘텐츠를 활용하여 지루할 틈이 없었다. 두고두고 잊을 수 없는 설교였다.

그날, 나는 정말 많은 것을 느꼈다. 마치 다양한 앱을 소유한 스마트폰이 요즘 대세이듯 다양한 콘텐츠로 중무장한 목사님의 말씀은 아직도 다시 듣고 싶은 말씀으로 가슴속에 남아 있다.

스마트폰을 '주제'라고 보면 그 속의 다양한 앱은 주제를 풀어내는 '콘텐츠'인 셈이다. 스피치 역시 주제의 다양함은 물론 주제를 풀어내는 접근법도 중요하다. 콘텐츠는 많을수록 좋다. 서른한 가지 맛을 표방하며 "Thirty One" 이라는 광고 멘트로 우리 귀에 생생한 아이스크림 배스킨라빈스 역시 서른한 가지 맛에 그치지 않고, 소비자가 원하는 새로운 맛을 끊임없이 개발하고 있다. 새로운 맛을 만들어 낼 때마다 그들의 콘텐츠는 다양해지고 소비자의 발걸음은 더욱 몰리게 되어 있다.

나를 특징지을 수 있는 나만의 독특한 콘텐츠는 무엇인가? 지금 당장 메모지를 꺼내어 적어 보자. 혹시 아무것도 떠오르지 않거나 적을 거리가 없다면 깊이 반성하고 내 상표 가치가 될 만한 아이템을 구석구석 찾아 갈고 닦자. 한두 가지 전문적인 콘텐츠 스펙은 기본이고 잡다한 지식처럼 다양한 콘텐츠가 필요하다. 그래도 없다면 개발하라. 콘텐츠를 확장하는 방법은 폭넓은 정보수집과 다양한 경험을 내 안에 채워두는 것이다. 매일 15분을 한 가지 일에 꾸준히 3년만 투자하면 그 분야의 전문가가 될 수 있다고 하니 자신을 가져라. 이제 시작해도 늦지 않다. 다양한 콘텐츠는 당신의 스피치를 좀 더 생생하게 만들 것이다. 자신에게 게으른 사람은 좋은 대화를 하지 못한다.

같은 한국말이라도 어떤 사람은 천 단어를 구사하고, 어떤 사람은 5천 단어를 구사한다면, 당신은 어느 쪽에 호감을 느끼겠는가.

Chapter 3

스킬업(Skill Up)! 성공하는 스피치 마케팅 기법 I

지금 우리는 말과의 전쟁 중이다. 말을 잘해야 인생이 바뀌고 삶을 바꾼다! 당신이 이 시대에 맞는 최고의 대화법을 구사하고 싶다면, 지금부터 노력해야 한다. 말도 습관이고 학습임을 명심하자. 말하는 스킬을 한 단계 업그레이드 시키기 위해 이 장에서는 좀 더 디테일한 대화법의 스킬을 제시하고자 한다. 지금부터 들려주는 성공하는 스피치 마케팅 기법에 귀 기울여라.

● 말하기가 자신 없는 당신에게

노력 앞에 장사 없다

"노력 앞에 장사 없다."라는 격언은 아주 교과서적인 말이긴 하다. 내가 어려서부터 자주 들어온 소리가 노력하면 무엇이든 이룰 수 있다는 이야기다. 매사에 성실하고 노력하는 사람은 "성공하거나 성공까지는 아니어도 기본 이상은 한다."라는 말이다. 똑같이 노력해도 개인차에 따라 말하기 실력의 향상 정도가 상당히 달라질 수 있다. 예를 들어 내가 두 시간 걸려 공부한 양을 친구는 한 시간 만에 끝낸다면 그것이 바로 개인의 능력 차다. 밤새 공부를 해도 한 시간 집중력 있게 공부한 친구보다 성적이 좋지 않은 경우도 상당한 개인차를 증명한다. 집중력이 좋은 사람의 한 시간 투자가 비효율적으로 밤새워 공부하는 사람보다 훨씬 효과적이라는 이야기다.

그런데 과연 단시간 내에 집중력 있게 끝낸다는 게 말하기에도 통할까? 물론 집중력이 개인적인 능력 차이가 있듯이 말하기도 타고난 능력 차이는 존재한다고 할 수 있다. 그러나 출발선이 다르다 해도 말하기만큼은 얼마나 투자하고 노력하느냐에 따라서 달라질 수 있다고 본다. 왜냐하면, 말하기는 한 시간을 집중력 있게 빠르게 훈련한다고 완성되지 않기 때문이다.

특히 투자한 시간만큼 차곡차곡 쌓여서 실력이 늘어나는 분야가 말하기이다. 한순간 말을 빨리한다고 말하기 능력이 생기지는 않는다. 마치 고장 난 수도꼭지에서 한 방울 한 방울 똑똑 떨어지는 물을 귀하게 모아 담아야 비로소 한 그릇의 물을 채울 수 있는 것처럼 끈기 있게 노력해야 한다. 발음이 부정확한 사람은 천천히 말하면서 발음의 정확성을 높여야 하고, 논리적이지 않아 늘 고민인 사람은 말할 내용을 일단 먼저 종이에 써보고 입으로 말해보면서 내용의 완성도를 높여가는 것이 중요하다.

나 역시도 홈쇼핑에서 처음 방송 진행을 할 때 말하기가 엄청난 스트레스였다. 자칫 실수라도 하면 걸러지지 않고 고스란히 전국에 실시간 방송되는 생방송에 대한 중압감 때문이었다. 대단한 전파의 위력으로 단 한 번의 실수도 용납할 수 없는 것이 방송이고, 그중에서도 특히 생방송이었다. 말 잘하기와 문맥에 신경을 써야 하지만, 그 이상으로 말실수에도 늘 관심이 있어야 했다. 물론 나라는 사람 역시 워낙 말하기를 좋아하는 유전자를 타고났다. 그러나 그럴듯한 논리적 설득력을 뒷받침해야 하는 판매 위주의 홈쇼핑 방송에, 더군다나 생방송이기 때문에 부담이 몹시 컸고 방송 중에 늘 한두 번 이상의 실수를 반복했다.

한동안 슬럼프도 있었다. 방송해본 사람은 알겠지만, 생방송 중의 실수는 결국 본인한테 부메랑처럼 돌아오기 때문에 엄청난 스트레스다. 그래서 방송 중에 저지른 실수를 만회할 방법은 없는지, 실수를 줄이거나 안 할 수는 없는지 상당히 고민에 빠지기도 했고 실수하지 않고 진행을 잘하는 선배들이 마냥 부럽기만 했다. 그러나 업계에 들어온 이상 도태될 수는 없었.

그래서 좀 유치하긴 하지만 늘 처음으로 돌아가자고 결심했다. 국어책을 읽는 초등학생처럼 상품 기술서를 큰 소리로 읽으며 입에 익을 때까지 충분히 숙지했다. 방송 전략에 맞춰 쓴 작가의 대본과 내가 재작성한 진행자용 원고를 보면서 읽고 또 읽고 머릿속으로 생각하면서 되뇌었다. 그것도 부족해서 방송국으로 향하는 차 안에서 운전 중에도 말하기 연습을 했다. 개인적으로 차 안에서 누구의 방해도 받지 않고 눈에 띄지 않게 연습하는 이 방법이 몰입이 잘 되기 때문에 가장 좋다. 오늘 방송할 오프닝부터 첫 프레젠테이션을 머릿속으로 그리며 혼자 큰 소리로 떠들어 본다. 신기하게도 생방송 중에도 막히지 않던 멘트가 차 안에서 혼자 연습할 때는 몇 번씩이나 막히고 꼬이곤 했다. 그때마다 차 안에서 방금 했던 말을 수정해 가면서 하나의 문장을 완성해 나갔다. 가끔은 연습 시간이 충분하지 않아 집과 회사가 좀 더 멀었으면 하는 바람도 가졌다. 메모 노트를 들고 다니며 생각나는 내용과 새로운 아이디어를 무조건 썼고, 혼자 있으면 어디서건 큰소리로 떠들어 댔다.

어쨌든 그렇게 쓰기와 읽기에 기본적인 노력을 계속하다 보니 생방송에서 별 실수 없이 좀 더 자신 있게 진행할 수 있었다. 심지어 준비한 내용을 기본으로, 생각지도 않았던 순발력을 이용하여 애드립까지 하게 되었다. 서당 개도 3년이면 풍월을 읊는다는데 나는 이렇게 되기까지 꼬박 5년 이상은 걸린 것 같다. 아직도 방송 전에는 살짝 긴장되지만 그런 노력이 없었다면 아마 지금까지도 실수를 반복하고 있을 것이다.

대화하건 영업 혹은 강의를 하건 어떻게 해야 상대방에게 내 의도를 가장 정확하게 전달할 수 있을지가 항상 가장 고민스럽다. 누군가와 말을 하기 앞서, 정류장에서 버스를 기다리면서 혹은 버스를 타고 차창 밖을 바라보면서 등 짜투리 시간이 허락되면 끊임없이 머릿속으로 생각하고 입속으로 되뇌어라. 노력 앞에 장사 없다! 그러니 무조건 노력하라!

연습해도 말하기가 당장은 빛나는 결과를 얻지 못할지도 모른다. 하지만, '천 리 길도 한 걸음부터'라고 하지 않던가! 진정한 말하기 실력을 늘리는 가장 좋은 실전 훈련법은 무엇일까?

근육을 단련하고 폐활량을 늘리려면 무엇보다 몸 안의 근육을 활용하는 운동이 최고다. 말하기에서도 논리적 표현력을 키우려면 생각을 많이 해야 한다. 즉 뇌를 많이 써야 한다. 체력을 키우려고 내 몸을 많이 사용하는 것처럼 말하기 능력을 향상하기 위해서는 뇌를 많이 써야 하고 더불어 말을 많이 하여야 한다.

● *낯선 이와의 대화가 힘든 당신에게*

안 통하면 통(通)하게 하라

이야기를 하다 보면 정말 답답할 때가 있다. 겨우 용기 내어 말을 붙였는데 상대방과 아무리 관계를 맺어 보려 해도 당최 엮이는 게 없을 때가 그렇다. 공감대가 없으니 이야기가 전혀 안 통한다는 거다. 처음 보는 사람과 대화하기가 어려운가? 통하는 구석이 없어 답답한가? 안 통하면 통(通)하게 하라.

한국사회가 세 사람만 건너면 아는 사람이 있을 정도로 생각 외로 좁다지만, 꼭 그렇지만도 않다. 어디에서 살았는지, 어느 학교에 다녔는지, 그것도 안 되면 친구 중에라도 나와 비슷한 배경을 가진 사람이 있는지 등 사돈에 팔촌까지 동원하여 어떻게든 관계를 만들어보려고 애써 노력해도 공통분모를 찾기 어려울 때가 분명히 있다. 이럴 때면 참 난감하다. 진심으로 설득해도 일이 될까 말까 한 판에 애초에 대화의 물꼬를 트는 것 자체에 장애가 있다면 다음 기회는 기대하기조차 어렵기 때문이다. 사회생활을 할 때는 그래도 좀 나은데 영업 현장이라면 이야기가 달라진다. 영업하는 사람에게는 정말로 중요한 문제이다. 그렇다면 이 난국을 어떻게 돌파해야 할까? 꿀꺽꿀꺽 잘도

들이키는 남들처럼, 평소 입에도 못 대는 술이라도 한잔해야 하는 건 아닌가 마음이 정말 갑갑하다.

어차피 눈을 씻고 봐도 혈연·지연·학연으로 관계 맺기가 어렵다면 다른 접근이 필요하다. 일단 더듬이를 바짝 세우고 코드가 통할 구석이 없는지 상대방의 이야기에 경청하고, 그의 일거수일투족을 잘 관찰하며, 민감하게 반응해야 한다. 이때는 평소 내 관심 밖의 정보채널 분야라 해도 파워를 켜고 꼼꼼하게 시청할 필요가 있다. 상대방의 콘센트에 딱 맞는 전원 코드를 찾아 그곳에 끼워야, 전기가 통하듯 그와 통하게 된다. 순조로운 대화를 위한 소통의 시작이다.

또한, 짧은 시간 안에 상대의 어투와 자주 쓰는 용어, 외모의 특징을 보고 어떤 유형의 사람이며 관심 분야는 무엇인지 빠르게 파악해야 한다. 아무런 인연이 없는 것 같다며 쉽게 포기하지 마라. 뜻밖에 가까운 곳에서 연결 고리의 해답을 찾을지도 모른다. 만일 유행에 앞서 가는 패셔니스트이거나 명품 마니아라면 코드를 맞춰보는 것도 좋은 방법이다. 그러나 그가 관심을 보이는 분야의 정보 면에서 늘 한 수 위여야 한다. 그래야 대화를 내 쪽으로 재빠르게 유도할 수 있다.

상대가 여자라면 패션 이야기를 꺼내면 쉽게 통하지만 남자라면 좀 어려울 수도 있다. 그러나 걱정할 필요는 없다. 일단 처음 만난 상대를 잘 모르면 드러난 외모로 상대에게 접근을 시작하는 것도 좋은 출발이 될 수 있다. 요즘은 남성도 외모가 경쟁력인 시대이고 패션과 외모에 관심이 많은 남성을 일컫는 메트로 섹슈얼(metrosexual, 여성적 남성미. 패션에 민감하고 외모에 관심이 많은 남성을 이르는 말이다.)을 넘어 남성적인 섹시함인 위버 섹슈얼(uber sexual 위버(uber)는 더 높은, 더 나은 이란 뜻의 독일어로 남성적인 섹시함을 말한다.)이 등장할 정도이니 상대가 패션에 민감한 남성이라면 오히려 대화를 끌어가기 쉬울 수도 있다.

　코드를 맞추려면 개인의 상황이나 취향은 물론 시대의 흐름을 읽어야 한다. 특히, 상대가 미혼이라면 자동차, 패션 같은 말랑말랑 부담 없는 소재로 공통 코드를 찾아 대화하는 편이 쉽지 않을까? 영화나 뮤지컬 같은 문화적 코드에서 공통의 관심사를 찾는 것도 좋겠다. 반대로, 결혼해서 아이가 있는 사람이라면 관심사가 아이이기 쉽다. 설령 당신에게 아이가 없다 해도 문제될 게 없다. 조카나 친구의 아이 이야기라도 좋다. 오직 그의 관심사는 아이라는 사실에 초점을 맞춰라!
　이렇듯 혈연·지연·학연, 그 무엇으로도 쉽게 소통 거리를 찾지 못할 때 유효적절한 방법이 공통의 코드 찾기이다. 콘센트에 맞는 코드라면 끼우면 일단 전기가 통한다. 콘센트를 통하여 코드를 따라 전류가 흐른다. 순간 닫았던 마음을 자기도 모르게 열게 된다. 코드를 꽂는 순간 전류가 흐르는 것이다. 자동차 동호회 등 온라인으로 만난 인연이 지역·나이·직업을 초월하여 동호회라는 이름으로 끈끈한 정을 과시할 수 있는 것도 코드가 맞는 덕분이다. 어렵게만 생각한 상대가 코드가 같다는 이유로 오히려 나에게 더 적극적으로 대할 수도 있다. 그러므로 코드 찾기에 늘 신경을 써야 한다.
　내 관심사가 아니더라도 다방면에 관심을 둬라. 지식과 정보를 꾸준히 축적하라. 스피치의 스킬업을 기대할 수 있을 것이다.

● 말실수가 많아 두려운 당신에게

말은 과거형, 입은 현재형, 머리는 미래형

글쓰기에 서론, 본론, 결론의 순서가 있듯이 말하기에도 원칙이 있다면 실수를 줄이고 말을 잘 할 수 있지 않을까? 안타깝게도 말은 내 입에서 나가는 순간 바로 과거형이 된다. 엎질러진 물은 주워 담을 수라도 있지만 한 번 쏟아버린 말은 도저히 돌이킬 방법이 없다.

예전에 아카데미 강사로도 활동하는 아내 대신 쇼핑 호스트 전문 양성 기관에 강의를 나간 적이 있다. 상품을 보는 시각을 알려주고 상품 프레젠테이션을 수강생이 직접 하도록 수업을 이끌었다. 그런데 하나같이 자신이 지금 하는 말에만 모든 신경을 집중하는 모습에 매우 놀랐다. 심지어 토시 하나 안 틀리고 암기한 내용 그대로 말하려는 모습이 역력했다. 다음 말을 신경 쓸 겨를이 없었다. 오직 입 밖으로 나온 과거의 말에 붙들려 정신을 못 차렸다. 다람쥐 쳇바퀴 돌듯 더 나아가지 못하고 자꾸 틀리고 당황하며 악순환을 반복했다. 나로서는 의아했지만, 훈련 안 된 일반인은 다 그런가보다 생각하며 보게 되었다.

나는 쇼핑 호스트 생활 10년 넘게 생방송이 한 시간이건 두 시간이 잡혀 있건 주어진 시간 내내 늘 긴장하며 진행했다. 생방송이다 보니 절대 틀려서는 안 되고, 말의 앞뒤 즉 문맥이 맞아야 한다는 강박관념이 있었다. 그래서 입은 현재 해야 할 말을 하고 있지만, 머릿속으로는 늘 다음 할 말을 신경 쓰는 버릇이 생겼다. 그런데 학원에 와보니 수강생 대다수가 실습 시간에 암기한 말을 줄줄 외우거나 지금 한 말에만 신경 쓰느라 말이 꼬이고 비논리적인 말만 늘어놓고 있었다. 외운 말을 하기에 급급해서 버벅대는 그들을 보니 몹시 안타깝고 어찌해야 할까 고민되었다. 그때 너무 애가 탔는지 갑자기 이런 생각이 떠올랐다. '단어 중 동사를 보면 행동을 결정짓고, 행동은 다시 과거·현재·미래 세 가지 유형의 시제로 나뉜다. 이것을 말에 접목해 보자!'

한 번 내 입을 떠난 말은 말하는 순간 과거형이 되니 더는 신경 쓰지 말고, 지금 하는 말은 현재형으로 청자와 같은 시간과 같은 공간에 있고, 머릿속은 다음 할 말 즉 미래를 준비해야 한다는 논리였다. 이런 식으로 어떤 틀 안에서 말하면 선순환이 가능할 것 같았다. 머릿속에 들어 있던 미래형의 말이 입 밖으로 나가는 과정에서 현재형이 되고 과거형이 되는 이치이다. 가르치는 사람이나 배우는 사람이나 아주 쉽게 받아들일 수 있는 공식이었다.

이 방식으로 강의를 다시 진행했다. 발표 준비를 할 때 일단 큰 그림만 그리고 나머지는 이 방법을 이용해서 어떻게 진행할지 연구하라고 했다. 학생들은 상품에 대해 큰 소구점만 분류하여 설명하고 머릿속으로는 계속 다음 이야기를 정리하며 말을 이어갔다. 처음에는 생소하고 어색해하여 잠시 흐름이 끊기기도 했지만, 얼마 안 되어 논리를 펼쳐 말을 조리 있게 이어갔고 다음 말을 계속 머릿속에 정리하며 준비한 덕분인지 발표 과정에서는 미처 생각지도 못했던 맛깔 나는 표현을 하고는 본인 자신도 놀란 눈치였다. 암기를 통한 발표 습관에 매달릴 때는 한 단어만 놓쳐도 다음 말이 막히는 답답하고 안타까운 현상을 계속 보였는데, 말하기에 과거형, 현재형, 미래형의 개념을 도입하여 적용하자 발표 모습이 달라졌다. 암기에 대한 스트레스에 집중하지 않고 반복적인 뇌 자극에 초점을 맞춘 덕분인지, 학생 대부분이 순간적으로 판단하여 말하거나 행동하는 순발력의 향상을 보였다.

말을 잘한다는 것은 무엇일까? 본인의 생각을 진실하고 세련되게 논리적으로 표현하는 것 아닐까? 글쓰기는 쓰다 지우다를 반복하면서 완성도를 높일 수 있지만, 말은 한 번 내뱉으면 그만이다. 이미 과녁을 향하여 '쏜 살'과 같이 활과 함께 있던 원위치로 되돌릴 수 없다. 입 밖으로 내기 전에 신중에 신중을 기하여야 한다. 그래서 말하기에서는 다음 할 말을 머릿속에서 실시간으로 계속 생각하고 빠르게 정리하는 세 번째의 미래 시제가 매우 중요하다.

자신의 뇌 100%를 사용하면 마법사가 되고 50%만 써도 초능력자가 된다고 한다. 대개는 평생 뇌의 5%도 채 사용하지 못하고 생을 마감한다니 애써 뇌를 더 사용하고 볼 일이다. 아마 뇌가 돈이었다면 다들 아까워서라도 어떻게든 죽기 전에 100%를 사용하려고 했을 텐데. 없어서 못 쓰는 돈에 비하면 뇌란 놈은 얼마나 감사한지.

뇌의 50%를 사용한다는 초능력자 정도는 아니어도, 말하기에서 브레인스토밍을 통하여 끊임없이 뇌를 자극하며 다만 뇌의 0.00001% 만이라도 더 사용하려 한다면 지금보다 말하기에 훨씬 자신감이 생길 것이다. 당신이 두려워하는 말실수가 눈에 띄게 줄고 논리적으로 말하는 자신을 발견할 것이다. 말 잘하는 사람으로 인정받고 싶은가? 미래형 말하기 인간이 되라. '말은 과거형, 입은 현재형, 머리는 미래형'을 슬로건처럼 달고 살자.

● 명쾌한 의미 전달이 부족한 당신에게

이해하기 쉽게 한 문장으로 이야기하라

똑같은 말을 수도 없이 반복해서 말하지 마라. 상대방이 한 번에 알아듣게, 단순·명확하게 전하는 것이 훨씬 효과적이다. 수능을 앞둔 자식에게 '공부해라! 공부해라!' 백날 노래를 부를 게 아니라 서울역 앞에 데려가 노숙자를 한 번 보여주는 편이 훨씬 피부에 와 닿는다. 말은 이처럼 촌철살인(寸鐵殺人: 한 치의 쇠붙이로도 사람을 죽일 수 있다는 뜻으로, 간단한 말로도 남을 감동하게 하거나 남의 약점을 찌를 수 있음을 이르는 말)의 한마디가 있어야 한다.

무의미한 반복도 문제지만 목청만 높여 큰 소리로만 말하는 것도 문제다. 리듬감을 살려 내가 강조하고자 하는 부분을 '스타카토(staccato, 악보에서 한 음 한 음씩 또렷하게 끊는 듯이 연주하라는 말)'로 말해 보자. 내 말의 모든 부분을 스타카토처럼 찍어대면 오히려 말의 전달력이 떨어진다. 곡의 처음부터 끝까지 줄곧 강렬하게 연주하는 헤비메탈에서 정작 절정의 클라이맥스를 느끼기 어려운 것과 같은 이치다. 그래서 강조해야 하는 부분이 '명확하게 드러날 수 있는' 말하기가 중요하다. 시장 상인의 호객행위용 말은 처음부터 끝까지 고음인 경우가 많다. 몇몇은 말의 본질인 내용이 아니라 오직 목청으로 장사한다.

본인은 상인으로서 온 힘을 기울인다고 하지만 지나가는 사람에게는 짜증나는 소음으로 그칠 수도 있다. 시끄럽기만 할 뿐 정작 무슨 내용인지는 알아들을 수가 없다. 차에 생선이나 과일, 채소를 싣고 아파트 단지를 도는 상인도 어쩌면 하나같이 변화 없는 억양으로 녹음한 지루한 자신의 광고 멘트를 스피커를 통해 들려주는지…. 일을 잘하는 사람은 일해야 할 때 열심히 일하고 쉬어야 할 때 확실하게 쉰다. 정말 강조하고 싶다면 쉬어 가는 부분이 반드시 있어야 한다.

그런데, 말의 포인트를 살린 말하기는 홈쇼핑 방송에서도 절실하다.
홈쇼핑에서 가장 짜증나는 부분이 지금이 마지막이라는 반복 멘트이거나 구성 대비 가격에 대한 끝없는 강조일 것이다. 당장 지구가 폭발하여 종말이 오는 것도 아닌데 왜 상품마다 매번 그렇게 마지막인지 알 수가 없다. 무의미한 반복과 끊임없는 강조에, 일방적인 진행은 홈쇼핑 방송이 고민해야 할 부분이다. 소비자 편에서는 말도 안 되게 싼 가격을 제시하여도 제품을 사기가 망설여진다. 구체적인 배경설명이 없어서 미덥지가 않다. 무조건 싸다는 말만 반복할 뿐이라 보는 사람은 답답하다. 나도 그런 시청자의 마음에 공감한다.
한 번은 화장품 방송을 하게 되었다. 화장품은 주로 기능이나 구성 가격을 단순하게 반복적으로 강조한 형태로 방송을 진행하던 때였다. 평소 그런 방송의 벽을 깨고 싶었던 사람이라, 기회다 싶어 업체와의 미팅에서 이유를 알아야 방송을 할 수 있다며 도대체 왜 이 구성에 이런 가격인지 꼬치꼬치 캐물었다. 말도 안 되는 가격구조가 가장 궁금했다. 그러나 업체의 황당한 답변이 이어졌다. 지금껏 어떤 진행자도 그런 질문을 해 온 적이 없어 한 번도 고민해본 적이 없다는 것이다. 그동안 모두가 의례적인 진행으로 일관해 왔기 때문이다.

가장 고급 라인의 에센스 13만 2천 원짜리를 포함해서 총 10종 구성 가격이 6만 9천9백 원이라니! 여러분도 한 번 생각해 보시라, 홈쇼핑에서 판매하는 이런 제품의 구성과 가격을 보고 의문이 없을 수 있는지. 그런데 쇼핑 호스트인 나더러 방송 중에 이 말도 안 되는 조건과 가격을 끊임없이 떠들라는 것이다. 홈쇼핑 초창기에야 장사꾼처럼 악을 쓰며 외치는 게 통했을지 몰라도 창립 15년이나 지난 마당에 어떤 소비자가 이런 판매기법에 속을까. "엄청난 구성에 정말 좋은 가격이죠." 이런 물린 표현으로 나도 이해 안 되는 이상한 가격조건을 흐지부지 넘어가기는 싫었다.

왜 이런 가격 조건이 가능할까를 고민하던 차에 해당 화장품 업체의 방송일이 마침 그 회사 창립기념일이라는 말에 귀가 솔깃했다. 요즘이야 이런 기념일 전략이 통하지만, 당시만 해도 무조건 제품의 구성에 대해서만 강조만 하던 시절이었다. 그래서 오늘은 회사 창립기념일로 특별한 날이라 하루밖에 줄 수 없는 구성이라고 진행했다. 그러나 평소처럼 창립 몇 주년에만 목청을 높인 것이 아니라 회사의 역사와 기술상의 노하우, 화장품에 대한 사장님의 철학 등 다양한 시각으로 회사를 조명했다. 또 창립일인 오늘이 얼마나 의미 있는 날인지를 확실히 부각하고 생일날 잔칫상으로 마련한 좋은 쇼핑 찬스를 놓치지 마시고 맘 편하게 구매하시면 좋겠다고 진심을 담아 방송했다. 가격과 구성에 대해서만 외쳤던 기존 방식은 살짝 내려놓고 의미 부여에 많은 부분을 할애하여 아주 새롭게 진행했다. 그것만으로도 고객들의 반응은 뜨거웠다.

상품은 사상 초유의 대박이 났다. 저녁 방송팀은 우리 방송을 부랴부랴 모니터까지 하면서 방송 준비를 해야 할 정도였다. 단순히 "쌉니다. 사세요!"라고 외치지 말자. 왜 값이 싼 지, 이유를 분명하게 짚어주고 난 후에, 값이 싸다는 것을 반복해야 한다. 요즘도 거리에서 상품권이며 자전거를 주겠다고 호객하는 신문사 영업사원을 심심치 않게 볼 수 있다. 절박한지 끈질기게 권유하는데, 이어지는 말은 상품권에 대한 이야기뿐이다. 신문 구독신청 난에 사인만 하면 몇만 원짜리 백화점 상품권을 덜컥 주겠다니 스스로 믿지 못하게 만드는 모양새로 오히려 의심만 키울 뿐이다.

만약 지나가는 사람에게 "이번 달이 신문사 창간 40주년 기념이라 특별히 상품권을 드려요. 오늘까지만 드리니까 지금 신청하셔서 신문도 보고 상품권도 챙기세요."라고 한다면 상품권으로만 승부를 걸던 앞의 상황과는 결과가 다르지 않을까? 단순 반복이 아니라 명분을 세워 의미 있는 대화를 나누었기 때문이다. 상품권을 공연히 주는 게 아니라 창간 40주년이기 때문이고, 허구한 날이 아니라 오늘까지로 한정하는 시의성도 있으니 다시 안 올 좋은 기회를 놓치지 말라는 것이다. 신청은 안 해도 영업사원의 말을 들어는 볼 것이다.

그저 좋은 제품과 좋은 조건이라는 말만 반복하지 말고 메시지에 당위성과 명분을 제시하라. 기왕이면 알아듣기 쉽게, 한 문장으로 말이다!

● 감정조절이 어려운 당신에게

깊은숨을 다섯 번 쉬어라

나는 성격이 꽤 급한 편이다. 밥을 먹는 속도만 보아도 단박에 알 수 있다. 아내가 밥공기의 1/3을 채 비우지도 않았는데 나는 이미 빈 그릇일 때가 대부분이고 운전할 때도 바쁜 일이 없는데 속도를 낸다. 말할 때도 종종 그렇다. 더욱이 흥분하면 생각과 말이 뒤엉켜 앞뒤 안 맞는 소리를 할 때가 가끔 있다. 급하면 말도 더듬는 나 자신을 보면서 광고기획자로 6년, 쇼핑 호스트로 9년, 말로 먹고산 15년 세월에 무색함을 느낀다. 운전하다 사고가 나면 그 모습은 여실히 드러난다. 그런데 도저히 침착할 수 없는 상황에서조차 논리적으로 차분히 조목조목 따져 묻는 이를 보면서 한편으론 참 독하다는 생각도 들었지만, 그에 비해 결정적 위기의 순간이나 중요한 시기에 차분하지 못한 나 자신을 돌아보는 계기가 되어 어떻게 하면 감정을 잘 다스릴 수 있을지를 고민해 보았다.

어느 날, 베트남 틱낫한 스님의 책 〈화〉를 읽었는데, 화를 다스리는 방법이 나를 가장 사로잡았다. 화가 날 때 다섯 번의 긴 호흡을 하게 되면 다시 평상심을 찾을 수 있다고 한다. 이 호흡법은 냉정하게 사물을 볼 수 있게 해 주고 침착하게 나 자신을 되돌아 볼 수 있게 한다. 7, 8년이 지났는데도 그분이 이야기한 다섯 번의 긴 호흡법은 절대 잊히지 않는다. 그 이후로 나는 화가 날 때마다 이 방법을 사용해 보았고, 실제로 상당한 효과를 보았다. 여러분에게도 이 방법을 추천한다.

그런데, 화를 다스리는 방법이 말하기에도 크게 도움을 줄 수 있음을 발견했다. 흥분하면 얼굴이 붉어지고 말을 더듬는 사람을 우리는 흔하게 볼 수 있다. 하지만, 평소에 침착하던 사람이 그런 모습을 보이면 본인과 주위 사람이 당황하기 마련이다. 싸울 때는 감정이 격해 그렇다 해도 논리적인 대화로 의견을 나누는 회사 생활에서조차 정돈되지 못한 모습을 보인다면 좋을 리 없다. 논점이 달라 상대방을 설득해야 하는 상황에 말을 더듬고 횡설수설한다면 이미 반은 진 게임이다. 누가 뭐래도 나로서는 틱낫한 스님이 제안하는 긴 다섯 번의 숨이 침착하지 못한 사람의 심리상태 개선에 분명히 도움을 준다고 생각한다.

본인의 의사를 표현할 때 쉽게 흥분하거나 열이 올라 생각한 바를 잘 표현하지 못하는 편인가? 말하기 전에 다섯 번만 숨을 서서히 들이쉬고 내쉬며 마음을 가다듬어라. 짧은 시간이라고 우습게 보지 마라. 펄떡이던 맥박이 진정되고 격한 감정이 잠잠하게 누그러드는 기대 이상의 경험을 하게 될 것이다. 다섯 번의 숨 고르기를 하는 사이 머릿속 말도 어느 정도 정리가 되고 순화될 것이다. 깊은숨을 계속 유지하면서 상대의 이야기를 듣고 내가 하고자 하는 이야기를 머릿속으로 정리해 보아라. 그런 후에 입을 열고 이야기를 시작하라. 그러면 술술 풀릴 것이다.

사실 이 방법으로 혜택을 크게 본 사람은 바로 나 자신이다. 나는 회의나 설득을 할 때 자주 흥분하는 통에 논리적이지 못할 때가 잦았다. 그러다 보니 나의 의견이 상대에게 명확히 전달되었던 적보다 그렇지 못한 때가 더 많았다. 혼자 방송을 진행할 때는 주로 버벅대거나 주어와 서술어가 맞지 않아 당황스러웠다. '화'를 다스리는 법을 알고 난 이후, 말을 하는 동시에 숨 고르기를 하였다. 생각했던 내용을 머릿속에서 정리할 수 있는 시간을 벌고 화를 다스릴 수 있어 감사했다. 말도 자연히 논리적이었다! 정말 놀라운 경험이었다. 직접 해보지 않으면 잘 모른다. 여러분도 꼭 해보길 바란다. 화를 다스리는 길이 결국, 내 입을 다스리는 방법임을 느낄 수 있을 것이다. 훈련에는 장사 없다더니 호흡 고르기를 처음에는 다섯 번에서 요즘은 세 번으로 줄였는데도, 그것으로 충분함을 느낀다.

쉽게 분노하며 분을 품는 자는 항상 실수와 죄악에 빠진다. 쉽게 화를 내는 사람은 교만한 사람이다. 성경의 〈잠언〉에도 잘 드러나 있다.

〈잠언〉에서 말하는 '화'

교만이 오면 욕도 오거니와 겸손한 자에게는 지혜가 있느니라
(잠언 13:10)
교만은 패망의 선봉이요 거만한 마음은 넘어짐의 앞잡이니라 (잠언 16:18)
노를 품는 자와 사귀지 말며 울분한 자와 동행하지 말지니 (잠언 22:24)
분을 쉽게 내는 자는 다툼을 일으켜도 노하기를 더디 하는 자는 시비를 그치게 하느니라 (잠언 15:18)

화와 분노는 지혜롭지 못한 결과를 낳는다. 지혜있는 사람은 감정을 절제하고 다스릴 줄 안다. 제발 성질 좀 죽이고 살자. 자신을 위해서라도.

하아나 두우울 세에엣 네에엣 다서엇.

다섯 번의 숨 고르기로 한 템포 쉬어가자!

다섯을 다 세지 못할 만큼 당신의 인생은 그렇게 바쁘지 않다. 여유, 마음의 여유를 갖자. 성경에도 온유한 자는 복이 있다고 했다. 기억하라, 온유함은 폭력보다 더 강한 힘으로 폭력을 잠재우고 문제를 해결한다는 사실을.

● *설득력이 떨어지는 당신에게*

일의 개연성까지 언급하라

우리를 둘러싼 세상의 모든 현상에는 현상으로 나타날 수밖에 없는 원인이 항상 있다.

아니 땐 굴뚝에 연기 날까?
핑계 없는 무덤은 없다.
처녀가 아이를 낳아도 할 말은 있다.

위 모두가 모든 일에는 원인이 있다는 속담이다.
굴뚝에서 연기가 나면 불을 지폈기 때문이고, 사람이 죽은 무덤인데 죽은 이유가 없을 수 없고, 아이를 낳은 처녀도 나름의 이유는 있다. 현대를 살아가는 우리에게 우리의 이런 옛 속담이 새롭게 들리는 이유는 바로 개연성 때문이다. 북극의 오로라가 아름다운 것은 태양에서 날아온 대전 입자가 지구 자기장과 상호 작용해서 극지방 상층 대기에서 일으키는 대규모 방전현상 때문이듯. 멋있는 오로라도 방전현상에 의한 풍광에 불과하다. 우리를 둘러싼 세상은 거의 모두가 개연성(蓋然性, 논리 용어: 절대적으로 확실하지 않으나 아마 그럴 것으로 생각하는 성질)으로 얽혀 있기 때문에 말하기에서도 개연성을 피해 갈 수 없다.

소위 '개연성'을 고려한다면 말할 때 밑도 끝도 없이 결론만 툭 던지지 말자.

"여름에는 피부 보호에 신경 써야 해." 하기 보다는 "자외선이 강한 여름에는 피부가 쉽게 지칠 수 있기 때문에 피부 보호에 좀 더 신경을 써야 해."라며 원인까지 언급하는 말이 훨씬 구체적이고 논리적이어서 머릿속에 훨씬 오래 남는다.

홈쇼핑의 디지털카메라 판매 방송에서도 단순히 디카 제품의 스펙(제품규격)만 자랑삼아 늘어놓기보다는 해당 스펙의 필요성을 실생활과 연관 지어 설명하면 훨씬 전달력이 높다. 예를 들어 "오늘 소개해 드리는 디카는 천만 화소에 오토촬영이 가능하고 크기가 작아서 좋습니다."라고 민숭민숭 단순히 상품 설명만 할 게 아니라 시청자의 관심을 끌 만한 토를 달아야 한다. "우리 아이들의 보송보송한 피부 솜털까지 미세하게 잡아주고 실제 얼굴 모습과 거의 흡사하게 찍을 수 있기 때문에 천만 화소가 필요합니다. 또 자동 촬영기능이 있어서 초보자도 야간에 쉽게 촬영할 수 있습니다. 콤팩트한 크기의 소형 카메라여서 간편하게 들고 다닐 수 있기 때문에 놀러 갈 때도 훨씬 좋습니다."라며 사고와 표현을 바꿔야 한다.

설사 청자 사이에 지식과 경험의 차이가 있더라도 누가 됐든 객관적 사실을 이해할 수 있도록 전해야 한다. 그때 사용해야 하는 도구가 개연성이다. 어떤 현상의 원인과 결과를 담은 개연성 있는 말하기가 스피치에서 정말 중요하다. 개연성을 염두에 두지 않고 두루뭉술한 표현으로 말하면 상대방이

번거롭게 한 번 더 생각해야 하고, 자칫 내용을 잘못 오해한 상대방을 주관적 오류에 빠지게 할 수도 있기 때문이다.

　방송 드라마는 가끔 작가 교체가 문제시 되곤 한다. 드라마 내용의 개연성 없는 전개가 시청자의 공감을 끌어내지 못한다는 이유때문이다. 출연 배우의 유명세와 독특한 소재로 방송 전부터 외국에 판매되는 등 국내외의 큰 관심과 기대 속에 시작한 드라마는 점점 산으로 올라간다는 평이 주류이다. 그때마다 '스토리에 개연성이 없어' 시청률이 나오지 않는다며 그 탓을 모두 작가에게 공공연하게 돌렸다. 내용 전개가 아니라 억지스럽다는 점에서 개연성의 문제가 주목받았다. 이처럼 우리는 설득이라며 하는 대화 가운데서 억지스러운 스피치를 적지 않게 듣게 된다. 정말 눈곱만치도 그럴듯하게 들리지 않는데 본인은 그럴듯하게 들리는 것으로 착각하는 모습을 볼 때면 안타까워 뭐라고 얘기라도 해주고 싶을 때가 있다.

　음악에서도 개연성을 반영한다. 어떤 이는 현대에서 주관적인 연주가 아무리 성행하더라도 원래 곡에 들어 있던 개연성은 그대로 지켜지고 있다며 연주에서 가장 중요한 요소는 음악적 개연성의 충족이라고 말한다. 예를 들면 작곡자가 조를 변경할 때에는 별 뜻 없이 마구잡이로 조바꿈하는 게 아니고 셈 여림의 변동이나 박자의 변경도 그럴 만한 이유가 있어야 한다.

　범죄 구성에도 개연성은 등장한다. 원인과 결과가 그럴듯해야 범죄가 성립한다. 범인으로 지목받은 용의자가 범인이 아니라는 것을 입증할 때도 그럴듯한 알리바이, 즉 개연성이 필요하다. 지금처럼 스토리텔링이 화두로 떠오르는 시대가 아니라고 해도 이처럼 모든 창작 분야나 우리의 삶 전체에 걸쳐 개연성이 필요하다. 개연성 없는 드라마나 영화, 소설, 음악, 미술 등 창작 분야나 특히 설득력이 있어야 하는 스피치 치고 좋은 평가를 받는 경우는 거의 보지 못했다.

 우리를 둘러싼 세상은 거의 모두가 개연성이 있기 때문에 말하기에서도 들었을 때 그럴듯하게 들리는 개연성의 문제를 피해 갈 수 없다. 밑도 끝도 없이 결론만 말하거나 민숭민숭해서는 설득할 수 없다. 현상 뒤에 보이지 않는 근거까지 언급하라. 근거를 바탕으로 하는 '때문에' 의식을 생활화하면 좋은 말하기 습관을 기를 수 있을 것이다. 특히, 민숭민숭한 말하기로 설득력이 떨어지는 당신이라면 말이다!

● 표현력이 약한 당신에게

히트 친 광고를 카피하라

　멋진 광고를 보면 대개 '정말 잘 찍었다. 카피가 예술이네. 광고 찍은 장소 어디야?' 정도의 시·청각적 반응을 보인다. 우리의 감각기관인 시각과 청각은 보기 좋고 듣기 좋은 것에 민감하기 때문이다. 그러나 '30초 예술' 이라는 한 편의 광고를 그렇게 쉽게만 볼 일이 아니다. 사실 나도 광고회사에서 일하기 전에는 광고가 그저 화려하고 재미있는 일인 줄만 알았다.

　막상 들어가 보니 빛 좋은 개살구가 따로 없었다. 더럽고 위험하고 힘들어 사람들이 꺼린다는 3D(Dirty, Dangerous, Difficult job)업종에 버금가게 고된 일이 줄줄이 기다리고 있었다. 기획단계에서부터 크리에이티브, 제작까지 꼬박 한 달 이상 집에도 가지 못하고 밤새워가며 만들었던 광고가 지금도 기억에 남는다. 아니, 사실 광고보다는 오히려 그 이상으로 제작 과정의 노고가 더 기억에 남는다는 편이 맞는 말 같다. 만만하게 생각하고 들어갔던 광고회사에서 세상에 쉬운 일은 없다는 평범한 진리를 뼈저리게 배우고 나왔다. 그나마 다행인 건 땅이 농부의 수고가 헛되지 않게 정확하게 갚아 주는 것처럼 수고하며 공들인 광고는 세상에서 빛을 발한다는 사실이다.

히트 친 광고의 배경음악은 많은 사람의 입에 오르내리며 벨 소리로 사용되기도 하고, 광고에서 인상적이거나 재미있는 장면은 각종 개그나 오락 프로그램의 단골 메뉴로 등장하며 패러디 된다.

그뿐인가? 수학여행, 각종 행사나 모임의 개인기 소재로 등장하며, 누구나 알고 따라 해야 할 것 같은 '거대한 시대적 조류', 메가트렌드를 형성한다. 이것이 소문난 광고 한 편의 힘이다. 30초라고 가볍게 보지 마라. 세상과 통하는 광고는 엄청난 파괴력을 가진다. 광고 한 편이 우리 삶에 미치는 영향력은 실제로 어마어마하다. 오죽하면 한 편의 광고 모델료만도 수억 원이나 할까.

나나 당신의 말도 이렇게 대단한 영향력으로 세상과 소통할 수 있다면 얼마나 좋을까? 내가 무심코 던진 말조차도 누군가에게 영감을 주고 생명력 있는 언어가 되어 기록되고 이 사람에서 저 사람으로 전해지고 자꾸 말하여진다면 이보다 더 기쁜 일이 있을까 싶다. 히트 친 광고의 영향력까지는 아니더라도, 당장 눈앞의 상대에게 공감을 주고 기억에 남는 인상적인 스피치만 되어도 더 바랄 게 없다. 세상과 통하는 광고처럼 당신의 말도 기억되기를 바란다면 고3 수험생이 될 각오를 하여야 한다. 영원히 기억될 스피치는 단단한 노력 없이 거저 얻을 수 없다. 바짝 긴장하고 끊임없이 연구하며 자기계발을 해야 한다는 말이다.

상대방이 인상적인 나의 말을 기억하려면, 나의 의사를 인상적인 말로 상대방에게 표현하려면 어떻게 해야 할까? 광고 속에서 힌트를 찾을 수 있다. 사실 우리는 알게 모르게 광고의 홍수 속에 살고 있다. 국내 기업은 물론이고 다국적 기업까지 수두룩한 대한민국은 모든 곳이 광고판이라고 할 정도로 많은 광고가 집행되고 있다. 우리는 모바일 제품, 잡지, 인터넷, 길거리 할 것

없이 각종 제품의 광고와 다양한 슬로건을 수도 없이 접한다. 그런 다양한 광고의 비주얼과 메인 카피를 메모하거나 머릿속에 저장해 두었다가 자신의 말하기에 적용하는 게 광고를 활용한 효과적 말하기의 방법이다.

잡지에 볼만한 기사는 적고 광고만 많다고 불평할 것이 아니라 그 수많은 광고 속에서 다양한 아이디어를 가져가라. 평소 가장 정제된 표현을 담는다는 광고 카피에 대해 관심이 있고 인지만 해도 당신의 표현력과 전달력은 얼마든지 향상될 수 있다. 왜냐하면, 광고는 대중의 최근 트렌드를 가장 빨리 반영하는 속성이 있기 때문이다.

표현력이 부족한 당신이라면 광고를 그냥 흘려보내지 말고, 당신의 창고에 잘 만든 광고를 차곡차곡 저장해 놓아라. 마음을 사로잡는 단 한 줄의 카피처럼, 당신의 말에 히트 친 광고를 카피하라. 언젠가 굉장한 영향력으로, 상상 이상으로 빛을 발할 것이다.

● 정확한 표현이 약한 당신에게

구체적인 숫자를 활용하라

한국적 정서는 돌려 말하거나 대충 뭉뚱그려 이야기하기를 좋아한다. 사람이 빈틈없이 너무 정확하면 왠지 깍쟁이 같아 보이고 정이 없어 보인다고나 할까? 특히, 시장에서 물건을 흥정하거나 나이 많은 어르신들이 숫자를 이야기할 때 이런 식으로 대충 얼버무리고 넘어가는 경우가 많다. 한두 개, 두서너 개, 네다섯 개, 대여섯 개….

먹을거리를 사고파는 것만 보아도 세상이 참 많이 변했다. 요즘 세상에나 마트에서 고기 살 때 100g에 얼마인지 단위당 가격을 정확히 묻고 따지지, 예전에 우리 어머니들의 관습대로라면 "한 너덧 사람, 우리 가족이 먹을 건데 알아서 줘요." 했을 게다. 다분히 인정이 묻어나는 말투다. 예전엔 뭐든 정확하지 않은 경우가 많았다. 그에 비해 요즘은 어떤 세상인가? 마트에서도 칼같이 정확하게 일원 단위까지 계산해서 물건을 판매하고 손익을 따진다. 홈쇼핑에서는 굴비도 일렬로 줄 세워 자로 크기를 잰 후 센티미터 단위로 크기가 일정한 것끼리 백 마리씩 맞추어 팔고 있는 시대다. 예전에 비하면 정말 삭막하고 각박하게 느껴지기까지 한다. 이렇게 우리 삶에 변화가 있다 보니

스킬업(Skill Up)! 성공하는 스피치 마케팅 기법 I 165

말하기에서도 막연함을 배제하고 정확한 숫자를 활용하여 접근할 필요가 있다. 사실 개인마다 생각의 폭이 많이 달라서 구체적 숫자로 접근하는 편이 훨씬 효과적일 때가 잦다.

예를 들어 개수는 언급하지 않고 막연하게 사과가 많다고만 말하면 사람마다 제각각 머릿속에 떠올리는 사과의 개수가 다르다. 누군가는 100개를 생각하는데 다른 사람은 머릿속에 20개를 떠올릴 수도 있다. 그들 사이에 상당한 차이가 생긴다. 그런데 바로 서로의 견해차 때문에 오해를 낳고 제대로 소통이 되지 않아 문제가 된다.

다음의 몇 가지 사례를 통하여 막연한 이야기를 구체화 시키면 말의 전달과정에서 어떠한 차이가 생기는지 좀 더 확인해 보기로 하자.

ⓐ 교통사고가 사회적으로 심각한 사회문제야.
ⓑ 암은 정말 심각한 병이야.
ⓒ 올해는 경제가 좋았다던데.

듣고 있다 보면 '심각하구나, 많이 성장했구나.' 하고 지나칠 수 있는 말이다. 그러면 금방 잊힐 것이다. 우리가 하는 말이 한 귀로 듣고 한 귀로 흘려듣는 말이 되어서는 절대 안 된다! 상대방이 내 말을 인지함은 물론이고 내 말에 동의하고 감탄하여 상대방의 머릿속에 남아있게 해야 한다. 위의 내용을 각각 다음과 같이 구체적인 수치를 넣어 표현해보면 어떨까?

ⓐ 하루 교통사고로 죽는 사람이 서울시내에서만 평균 10명이래.
한 달이면 3백 명, 1년이면 3천6백 명? 엄청나지!

ⓑ 사망원인 1위가 암이래. 게다가 암으로 한해 사망자 수가 만 명이 넘는다고 해.
ⓒ 최근 10년 동안 두 자리 수를 밑돌던 평균 경제성장률이 올해 12% 이상 성장한 것으로 파악됐대.

이렇게 구체적인 숫자를 활용하면 정보가 그저 놀랍기만 한 사실에 그치지 않고, 다시 곱씹어 보게 되고 일부 숫자는 기억할 수도 있다. 기사 제목을 '타이타닉 침몰'이라고 하지 말고 '타이타닉 침몰로 4천 명 사망'이라고 구체적으로 다시 써 보자. 단순히 배가 침몰한 정도가 아니라 엄청난 참사라는 느낌이 바로 온다. 쓰기든 말하기든 표현하기에 따라 피부로 생생하게 와 닿고 장면이 입체적으로 그려지면서 내용이 훨씬 명확해짐을 알 수 있다.

만일 누군가 "난 수학을 잘해."라는 막연한 말 대신 "이번에 수학에서 89점을 받았는데 전국 1,000등 안에 드는 좋은 성적이야."라고 한다면 이해가 빠르고 기억에 남지 않는가?

나는 2년 정도 치과 보험 방송에서 치아 건강에 대한 위협 소구를 막연하게 "평소 관리하지 않으면 해가 갈수록 돈이 많이 들어가니 미리미리 보험으로 대비하라."며 진행했었다. 그러나 요즘은 치아 건강에 대한 관심을 "40대 이상 성인의 90%가 치주병으로 고생하고 있습니다. 그러니 당신도 예외일 수는 없습니다."라는 위협소구로 방송하고 있다. 열 명 중 아홉 명이라면 누구도 방심할 수 없다는 이야기다. 위협소구를 막연한 내용에서 구체적인 사실로 바꾸는 순간 소비자가 느끼는 위협의 강도는 훨씬 세어진다.

정확한 숫자를 제시하는 것이 객관성 측면으로 보나 상대에게 신뢰를 주는 요소로서도 매우 효율적이다. 수치화된 구체적이고 정확한 정보를 줄 수 없다면 다분히 주관적인 이야기가 될 수밖에 없다. 서로의 생각의 폭을 좁히려면 가능한 정확한 숫자로 이야기하라. 수치화 하지 않은 정보로 이야기한다면 서로 간 생각의 차이만큼 소통에도 거리가 생길 것이다.

정확한 표현에 약하다면 당신은 숫자에 약한 사람일 가능성이 크다. 그림이 그려지는 구체적 수치를 제시하라. 상대와의 거리 폭이 훨씬 좁아질 것이다. 구체적이고 정확한 표현은 상대방의 머릿속에 명확한 그림이 그려지게 한다.

● *화제를 나누지 못하는 당신에게*

애니콜(Anycall)처럼 애니톡(anytalk) 하라

우리나라 휴대전화의 '신화' 하면 단연 애니콜을 빼놓을 수 없다.
휴대전화를 처음 보급하던 시기에 우리나라를 휩쓸었던 상표는 주로 외국산 브랜드였다. 이에 질세라 삼성은 우리나라 지형에 강해 전국 어디에서나 팡팡 터진다는 콘셉트로 애니콜이라는 브랜드를 내놓고 승부수를 던졌다. 2010년 현재 애니콜은 우리나라뿐 아니라 세계시장을 휩쓰는 이름 있는 휴대전화로 성장했다. 휴대전화가 잘 터지지 않던 시절에 이미 삼성이 언제 어디서나 잘 통하는 휴대전화라는 뜻으로 애니콜이라고 이름을 붙였듯, 우리도 언제 어디서나 말 잘하는 이야기꾼이라는 뜻으로 자신을 '애니톡(anytalk)'이라고 부르는 건 어떨까?

어디서든 이야기를 술술 풀고 누구와도 이야기가 잘 통하는 사람을 보면 대개 다양한 관심사와 박학다식(薄學多識)한 지식을 가지고 있다. 애니톡을 하려면 배움에 대한 갈증이 커야 하고 끊임없이 지식을 업데이트해야 한다.
홈쇼핑 회사로 옮긴 후 3, 4년쯤 지나 예전 광고회사에서 들었던 같은 마케팅 강사의 강의를 다시 들을 기회가 생겼다. 시장의 변화 등 마케팅 지식을 업데이트할 수 있는 좋은 찬스라고 잔뜩 기대했는데, 결과는 대실망이었다. 그 분의 프레젠테이션 자료는 조금도 나아진 게 없이 예전 그대로였다. 심지어 변화무쌍한 마케팅 분야에서 4, 5년 전 자료라면 그건 이미 죽은 자료이다. 그야말로 본인을 끊임없이 업데이트해야 인정받을 수 있는 애니톡의 기본을 지키지 않은 경우라고 할 수 있다. 귀찮아하는 마음 때문인지 매너리즘에 빠져선지 예전에 사용했던 문서나 원고를 다시 사용하는 사람을 심심찮게 본다. 반응이 좋았다면 더욱 말할 것도 없다. 이런 부류의 사람이라면 시장의 변화를 반영할 리 없고 청중의 기대를 저버리기 마련이다. 참신함이 느껴지지 않으면 누구도 주목하지 않는다. 끊임없이 소재를 발굴하여 다양한 상황에서 유창하게 풀어낼 줄 알아야 한다.

최근의 새로운 정보까지, 다양함으로 승부를 보려면 어떤 노력을 해야 할까?

세상과 통하는 창인 눈과 귀도 함께 열어 놓아야 한다. 기본이 되는 건 단연 독서이다. 직장생활 16년 동안 열심히 책 읽는 사람치고 말 못하는 사람을 본 적이 없다. 글쓰기만 아니라 말을 잘하기 위해서도 독서는 꼭 필요하다. 요령 피우지 말고 차곡차곡 쌓아 내 것으로 만들어야 한다. 최소한 베스트셀러 정도는 늘 읽어 시대의 흐름을 읽는 눈을 키워야 하고 대중의 관심사를 항상 알고 있어야 한다. 그래야 어떤 화제든 낄 수 있다. 만약 그렇지 않다면 함께 있긴 해도 대화에서 제외된다. 문학만이 아니라 정치, 경제, 사회 등 포괄적인 시사와 상식을 늘 꿰고 있어야 한다. 요즘은 스마트폰을 통해서도 시간과 장소에 구애받지 않고 다양한 정보를 실시간으로 업데이트 할 수 있으니 공부하기에 정말 좋은 환경이다.

  새로운 정보는 늘 이슈가 되고 뉴스거리가 된다. 당신은 새로움에 얼마나 민감한가? 새로운 것에 대한 열망은 당신의 대화 주제를 훨씬 다양하고 풍요롭게 이끌 수 있다.

  뉴스를 흘려듣지 말고 눈과 귀를 항상 열어 놓아야 한다. 사물이나 상황의 이치에 대하여 끊임없이 왜일까를 고민하라. 사회를 읽는 안목을 키워라. 새로운 정보를 분석하여 자기만의 해석으로 이해하고 자신의 철학을 담아 말하기에도 적용해야 한다. 내 스피치 안에 새로움이, 다양함이 살아 있어야 한다. 아무리 새롭고 좋은 내용이라 해도 머리로만 받아들일 뿐 얻은 정보를 말로 풀어내지 못한다면 의미가 없다. 입력하는 정보도 중요하지만 입력한 정보를 가공하여 생산해 내는 일도 상당히 중요하다. 그것은 순전히 당사자의 몫이다. 본인 하기 나름이라는 말이다. 똑같은 재료로 요리를 해도 호텔 주방장과 내 요리의 맛이 다를 수밖에 없는 것처럼.

  상대방과의 열린 대화는 필수다. 내 생각에 오류가 있을 수 있기 때문이다. 항상 생각을 교류해야 한다. 사람 사이에서 침묵이 필요할 때가 있다. 그러나 특별한 몇몇 경우를 제외하면 침묵하기보다는 대화하려고 애써야 한다. 토론과 대화를 통하여 끊임없이 사고를 발전시키고 변화시켜 나가야 한다. 다양한 매체를 통하여 얻은 정보를 내 소유로 만들고 이것을 기반으로 적극적으로 교류하고 스피치 하여야 한다. 그러면, 대중의 사랑을 받으며 누구나 갖고 싶어 했던 애니콜처럼 당신도 언제 어디서든 애니톡(anytalk)을 할 수 있을 것이다.

● 자신감이 없는 당신에게

성공을 마인드컨트롤 하라

　나는 어려서부터 프로이드를 공부한 어머니로부터 중요한 순간을 미리 대비할 수 있는 마인드 콘트롤에 대한 말을 수없이 듣고 자라왔다. 시험이나 반장선거 같이 긴장되는 날 전에는 머릿속으로 내일의 상황을 미리 그려보고, 그 상황 속 내 모습을 자꾸 반복해 보라고 하셨다. 마인드컨트롤 덕분에 정작 중요한 일을 치러야 할 때 확실히 덜 긴장하고 무장된 자신감으로 좋은 결과를 얻었다. 신기하게도 전날 머릿속으로 상상했던 가상훈련은 현실에서 비슷하게 일어났다. 주어진 각본에 따라 무대 위에서 미리 리허설을 마친 배우처럼 아무리 어려운 상황의 무대에 서도 매번 자연스럽게 연기해 내었다. 마인드컨트롤의 중요성과 그 위력을 새삼 실감할 수 있었다.

　그런데 강의, 발표, 설득, 협상 같은 중요한 스피치 환경에서도 마인드컨트롤은 꼭 필요한 부분이다. 내일 만날 사람들을 생각하고 그들의 반응과 내가 당황할 수도 있는 상황에서는 어떻게 극복할 것인지를 머릿속으로 미리 그려보고 어떻게 대응해야 할지 상상하고 연기해 보아라. 특히 스피치 중에서도 어려운 영역인 설득이나 협상은 마인드컨트롤이 더욱 절실할 수 있다.

 광고회사의 광고기획자로 일할 때 힘든 일 중의 하나가 견적에 대한 합의였다. 아무리 제작한 결과물이 좋아도 광고주로서는 적은 비용을 들여야 잘 만든 광고였고, 반면 내 쪽에서는 한 푼이라도 더 받아내야 회사에서 칭찬받을 일이었다. 이렇게 서로의 입장이 180도 다르다 보니 견적 합의 때문에 곤란을 겪을 때가 한두 번이 아니었다. 견적을 협상하는 순간에 조금이라도 긴장하는 눈치가 보이거나 견적의 정당성을 차분하고 능숙하게 말하지 못하면 광고주는 바로 견적을 깎으려 든다. 다소 감정적인 성격인 나는 사실 견적을 합의할 때 광고주한테 끌려다니곤 했다. 한 번은 안 되겠다 싶어 견적 합의 전날, 옛 기억을 떠올려 광고주와 견적을 합의하는 상황을 설정하고 머릿속으로 연습에 연습을 거듭했다. 왜냐하면, 아무리 내가 제안한 견적이 합리적이어도 표현에 실패하면 눈치 빠른 광고주가 나를 무시하고 견적을 덜 주려고 하기 때문에 연습하지 않고 만나면 일이 어긋날 게 뻔한 상황이었기 때문이다.

 마인드컨트롤의 위력은 정말 신기하고 놀라웠다. 연습한 대로 우리 회사 측이 내세운 견적의 타당성을 잘 표현해냈고 광고주도 빈틈없는 내 모습에 더는 까다롭게 굴지 못하고 계약을 마쳤다. 지속적인 관계를 위하여 대신 내 쪽에서 광고주가 생각지도 못했던 몇 가지 항목을 즉흥적으로 깎아 주었다. 마인드컨트롤 훈련을 계속하다 보니 다음을 생각할 여유까지 생겼다. 이미 오래전 마인드컨트롤을 알려주신 어머니가 참 고마운 순간이었다.

 힘들고 어려운 비즈니스 상황뿐 아니라 무대에 서야 하는 방송 진행자에게도 초보건 전문가건 마인드컨트롤은 정말 큰 힘이 된다. 방송생활 10년이 지났지만 사실 카메라 앞에 서면 떨리는 방송 울렁증 증상은 8년이 지나서야 사라졌음을 고백한다. 카메라 앞에 서야 하는 방송인은 카메라 앞에 선 순간 자신이 최고라는 자기암시를 계속해야 함을 나중에야 깨달았다. 자신에게 몰입해야 하는 상황인 만큼 큰 힘이 되는 이런 마음가짐은 상당히 중요하다.

'우리말 배움터'에서는 순화 언어로써, 심리통제, 심리조절로 표현하기도 하는 '마인드컨트롤'은 인간이 가진 무한한 잠재능력을 활용해서 마음속으로 그린 심상을 그대로 실현하는 명상법으로 이해해도 좋겠다. 스피치 환경은 언제나 어렵고 힘들기에 많이 연습해야 한다. 써보고, 읊어보기도 하고, 잠들기 전 머릿속으로 명상하면서 예행연습을 반복해보면 실전에서 훌륭한 강사로 변해있는 당신을 발견할 것이다.

● *활력 있는 대화가 약한 당신에게*

크리에이티브 브리프로 보는 스피치 전략

광고회사에 있었던 업보랄까? 광고회사에서 늘 쓰곤 했던 크리에이티브 브리프(creative brief)가 스피치 책을 쓰는 데 도움이 될 것 같았다. 홈쇼핑에서 MD였을 때도 쇼핑 호스트를 할 때도 나는 습관적으로 다양한 상품들을 이 양식을 통해 고민해 보곤 했다. 그래서 여러분을 위해 브리프에 대한 정보를 정리해 보았다.

> 브리프란 광고 표현에서 달성해야 할 목표에서 가이드라인까지 구체적인 항목을 제작회의를 통해 정하고 공유하기 위한 것으로 앞으로 모든 평가의 기준이 되는 자료이다.

브리프를 스피치 맥락에서 생각하면, 말에는 분명한 목표가 있어야 하고 상대와의 관계를 고려하여 어느 정도의 선을 유지하며 다양한 소재를 통해 정해진 상대와 소통하고 앞으로 내가 한 말에 대하여 책임을 지는 것이라고 바꿔 말할 수 있다.

커뮤니케이션의 큰 물결인 광고 브리프가 스피치 전략에 어떤 도움을 줄 수 있을까? 또 우리의 소소한 일상에선 얼마나 도움을 줄 수 있을까? 브리프 항목을 통하여 구체적으로 알아보자.

다음 7가지는 브리프의 항목이다.

1. 표현 목표: 광고를 통해 무엇을 남길 것인가?
2. 목표 고객: 상품을 누구에게 소구할 것인가?
3. 표현 콘셉트: 상품의 무엇을 표현할 것인가?
4. 카피 포인트: 상품이 가진 어떤 소비자 편익(benefit) 중 무엇을 확인시킬 것인가?
5. 콘셉트 워드: 소비자 편익을 강조하는 말이 무엇인가?
6. 톤 앤 무드(tone & mood): 어떤 태도와 분위기로 표현할 것인가?
7. 가이드라인(기준, 지침): 표현의 규제와 광고주의 요구사항은 무엇인가?

아마도 항목을 보면서 브리프가 스피치의 교본이 될 수 있겠다는 생각이 들 것이다. 한 가지씩 살펴보자.

1. 표현 목표: 광고를 통해 무엇을 남길 것인가?
   -> 나는 어떤 말을 할 것인가?

광고는 '하나의 메시지'를 '목표 타깃에게', '인지시키는 작업'이다. 광고장이의 가장 큰 고민은 어떻게 하면 목표 고객에게 광고를 통하여 강한 하나의 메시지를 효과적으로 전달할 수 있을지이다. 브리프의 표현 목표처럼 스피치에서도 내가 말하려는 바를 목표 타깃에게 어떻게 남길 것인지에 대해 고민해야 한다. 한 시간 동안 열심히 강의했는데, 돌아가는 청중의 머릿속이 하얗게 비어 있다면 그건 문제가 있는 강의다. 글을 쓸 때 한 문단에 한 가지 주제만 들어 있어야 하듯 말하기도 하나의 주제를 상대가 뚜렷하게 인식할 수 있도록 강한 하나의 메시지를 전해야 한다. 강연, 강의, 대화를 할 때에도 처음과 중간 그리고 마지막에 주제를 다시 한 번 명확하게 짚어주어야 목표를 달성할 수 있다.

2. 목표 고객: 상품을 누구에게 소구할 것인가?
  -〉 내가 말하는 상대는 누구인가?

상대방을 파악한 후 나누는 대화는 공부한 후에 시험을 치르는 모습과 같다. 공부를 철저히 하고 시험을 치르면 성적이 잘 나오듯 상대방을 명확하게 알고 대화를 하면 좋은 결과가 나올 수밖에 없다. 스피치 또한, 광고처럼 목표 타깃에 대한 심오한 연구 없이는 훌륭한 스피치를 할 수 없다. 만일 중형 세단 광고의 목표 고객을 30대(의 패밀리카)로 하지 않고 자동차 구매 엔트리 층인 20대를 겨냥한다면 잘못된 타깃 설정으로 아까운 광고비만 날리는 꼴이며 노인정에서 취업설명회를 개최하는 것과 같다. 어디에서 강의나 대화를 하든 상대하는 사람들의 특성과 기분, 성향에 대하여 파악하는 것은 기본이다.

타깃에 대해 잘 이해하는 일 이상으로 당시 상대방의 분위기 파악하기도 매우 중요하다. 왜냐하면, 상대에 대해서 충분히 이해하고 있다 해도 막상 만났을 때 상대의 기분이 안 좋은 상태라면 반감을 사기 쉽다. 목표 고객 즉, 타깃에 대한 정확한 파악 없이 하는 말하기는 등 돌리고 하는 대화와 다를 바 없다. 말하는 상대가 누구인지에 대한 고민이 중요하다.

   3. 표현 콘셉트: 상품의 무엇을 표현할 것인가?
      -〉 내말의 핵심은 무엇인가?

표현 목표를 달성하기 위해 상품의 구체적인 표현 콘셉트를 정하는 부분이다. 예를 들어 페덱스 광고에서 표현 목표가 '신속한 수송 페덱스'라면 표현 콘셉트는 '하룻밤 사이 전 세계로 배송하는 페덱스'가 될 수 있다. 만일 '자기 계발'이 강의 주제라면 '표현력을 통한 자기 계발, 어학실력 증대를 통한 자기 계발' 등 그날의 스피치 목표를 달성하기 위한 스피치 콘셉트가 필요하다. 그래야 상대방이 구체적으로 실행할 수 있는 실행계획(action plan)을 얻어갈 수 있다. 막연하게 말을 듣는 단계에서 끝나는 게 아니라 다음 단계인 실행을 통하여 몸소 얻는 것이 더 중요하다.

   4. 카피 포인트: 상품이 가진 어떤 소비자 편익(benefit) 중 무엇을 확인시
      킬 것인가? -〉 내 말은 상대에게 어떤 의미를 전달하는가?

광고에는 한 줄의 키 메시지(key message)가 있다. '다이아몬드는 영원히 드비어스'라면 카피 포인트는 변치 않는 영원한 가치가 될 수 있고, '인조이 코카콜라'에서는 콜라와 함께라면 다양한 상황에서 즐겁게 보낼 수 있음이 카피 포인트이다. 소비자가 상품을 통하여 느낄 수 있는 편익에 대한 구체적인 지침이 될 수 있다.

스피치에서도 내 말을 통해 얻을 수 있는 무엇인가가 있어야 한다. 여성의 수다 속에서 간단한 패션 정보라도 얻어갈 수 있고 새롭게 발견한 남자의 심리도 스피치를 통하여 얻는 스피치 편익이다. 즉 어떤 만남을 통해 얻은 정보와 그 정보를 바탕으로 업그레이드된 생활의 변화가 스피치가 줄 수 있는 편익이다. 졸업한 동창들과 오랜만의 만남이 스피치 목표라면, 패션 정보가 스피치 콘셉트고, 모임에서 얻은 정보를 적용하여 업그레이드한 패션 감각이 스피치 포인트가 될 수 있다.

5. 콘셉트 워드: 소비자 편익을 강조하는 말이 무엇인가?
-> 상대에게 남기고자 하는 스피치 핵심 단어는?

소비자의 편익을 강조하는 콘셉트 워드는 이미 카피 포인트에서 제시했다. 드비어스의 콘셉트 워드는 다이아몬드는 영원히 이고 코카콜라에서는 인조이다. 이처럼 강력한 하나의 콘셉트 워드는 지속적으로 사람들과 커뮤니케이션하면서 머릿속에 인지시키는 작용을 한다. 여고 동창과 오랜만의 모임에서 패션에 대한 스피치 콘셉트 워드는 아마도 이런 유형일 것이다.

'올해 유행 컬러는 그린이고 바지는 배기스타일이래. 소재는 자연친화적인 소재가 인기를 얻을 거래. 요즘 제일모직의 구호라는 브랜드가 뜬대.' 스피치를 통해 패션을 업그레이드할 수 있는 것이 스피치 포인트라면 구체적으로 표현해 주는 것이 콘셉트 워드일 것이다. 동창들과의 편안한 스피치에서 콘셉트 워드는 그린, 배기, 자연, 브랜드 구호 같은 단어들이라 하겠다. 다시 말해 다양한 스피치 환경에서 상대방의 생활에 영향을 미칠 수 있는 핵심적인 말 한마디를 스피치 콘셉트 워드라고 할 수 있다. 콘셉트 워드만 확실히 이해해도 스피치에서 어느 정도 성공할 수 있다. 콘셉트 워드 하나만이라도 확실히 인지시켜도 키 메시지를 전할 수 있기 때문이다.

    6. 톤 앤 무드(tone & mood): 어떤 태도와 분위기로 표현할 것인가?
       -〉 어떻게 내 말을 가장 효과적으로 표현할 것인가?

요즘 파티 문화가 발전하다 보니 때와 장소에 맞는 옷을 입는 '드레스 코드'라는 말이 유행이다. 굳이 파티가 아니더라도 적잖게 모임이 많은 우리네 문화에서는 드레스 코드 곧 옷차림이 상당히 신경 쓰인다. 같은 사람이라도 옷 입은 분위기에 따라 다른 사람처럼 보이듯 광고도 어떻게 표현하느냐에 따라 클래식이 될 수 있고 헤비메탈이 될 수도 있다. 그 만큼 광고에서는 표현하는 분위기가 그 광고를 좌지우지 할 수도 있다. 근사한 와인 바에서는 찢어진 청바지에 라운드 티셔츠를 걸친 캐주얼 한 옷차림보다는 우아한 원피스에 진주 목걸이를 건 차림새가 더욱 잘 어울리는 것과 같다.

  스피치도 마찬가지다. 말하는 공간, 상대방, 주제 등에 따라 본인의 센스를 발휘해서 태도와 분위기를 달리해야 한다. 스피치의 목표, 콘셉트 워드 등을 제대로 이해하고 준비를 많이 한 스피치라 해도 톤 앤 무드의 표현을 잘 살리지 못하면 본인이 열심히 준비한 스피치의 내용과 관계없이 얼마든지 실패할 수 있다.

    7. 가이드라인(기준, 지침): 표현의 규제와 광고주의 요구사항은 무엇인가? -〉 나와 말하는 상대의 말에 귀 기울여라

멋진 모델을 내세워 잘 만든 광고라고 해서 무조건 방송을 탈 수는 없다. 까다로운 광고주의 수정, 보완 등 요구사항을 반영하고서도 과장, 선정성, 비방에 대한 광고 심의 기준을 준수해야 비로소 텔레비전을 통해 만날 수 있다. 스피치에서의 지침, 가이드라인은 할 말을 아끼고 상대의 이야기를 많이 들어주고 상대의 처지를 배려한 말하기일 것이다. 카운슬링 치료에서 상담사의 말보다는 상담하러 온 내담자의 이야기를 주로 들어야 하는 것도 그런 예이다. 내 입장을 철저히 배제하고 모든 초점을 상대방에게 맞출 수 있어야 한다. 아무리 훈련을 한들 하루아침에 습관을 바꿀 수 없으므로 어려운 일이기는 하다. 그러나 배려에 능해야 어떤 스피치 상황에서도 탄력적으로 대응할 수 있다.

그동안 별 원칙 없이 자신의 생각이나 즉흥적 순발력에 의존하여 말하던 사람이라면 이상 크리에이티브 브리프의 일곱 가지 전략적 접근(크리에이티브 브리프로 보는 스피치 전략)으로 스피치를 분석해 봄으로써 말솜씨를 다듬을 기회가 될 것이고 기승전결의 원고가 상당히 화자 위주로 되어 있다는 사실에 놀랄 것이다. 브리프 형식을 빌어 스피치 브리프로 정리해서 말한다면 듣는 사람이 졸 틈도 없는 활력 있고 윤기 있는 스피치가 되리라!

● 경쟁력 있는 스피치가 절실한 당신에게

내 스피치의 SWOT(스왓)을 분석하라

　장·단점을 분석하고 외부 환경에 대한 파악을 통해 나아갈 바를 정하는 SWOT(스왓: 강점, 약점, 기회, 위협) 분석은 마케팅을 주로 다루는 회사나 마케팅 부서가 아니더라도 대부분 일터에서 널리 이용하고 있는 분석기법이다.

　새로운 사업 기회를 발굴하거나 발굴한 사업 아이디어에 대한 내·외부 환경을 분석할 때 자주 사용하는 방법이 SWOT 분석이다. SWOT 분석은 강점(Strength), 약점(Weakness), 기회(Opportunity), 위협(Threat)의 영어 단어 머리글자를 조합하여 만든 용어로 내부와 외부 환경을 고루 분석해서 이를 바탕으로 마케팅 전략을 수립하는데 주로 사용하는 기법이다. SWOT 분석을 할 때는 우선 거시적인 환경과 시장 환경의 분석을 통해 시장에서의 기회 요인과 스스로에 대한 위협 요인을 찾아낸다. SWOT 분석을 마케팅에 활용하면 보다 객관적으로 시장을 평가할 수 있을 뿐만 아니라 스스로 가지고 있는 역량 중에서 강점을 극대화하고 약점을 최소화할 수 있는 전략을 실행할 수 있다.

　이렇게 기업에서 사용하는 분석기법을 스피치에 활용하면 상당히 도움받을 수 있다. SWOT을 스피치에서 가장 효과적으로 활용하려면 내가 말하는 대상이나 이야기 상황 전체를 SWOT이라는 틀에 넣고 분석하면 될 것이다.

취업준비생을 대상으로 하는 설명회의 강사라면 청중에 대한 이해가 가장 중요하다. 그들의 고민을 공유할 수 있어야 비로소 상대를 아는 강의를 할 수 있기 때문이다. 열심히 공부하고 여기저기 이력서만 내라고 할 수는 없지 않은가? 일단 청중의 현재 모습을 냉정하게 파악해야 한다. 취업준비생 중 한 명에게 본인을 SWOT 해보라고 했더니 이런 결과가 나왔다.

〈사례1〉
강점 : 긍정적 성격, 아르바이트 경험, 학점, 밝은 성격, 호감형 외모, 자격증, 자신감, 영어회화
약점 : 마케팅, 작은 키, 가무잡잡한 피부
기회 : 실무 능력을 중시하는 채용문화, 산학실습, 공채, 학교교육 프로그램
위협 : 높은 취업경쟁률, 낮은 채용환경

높은 취업경쟁률로 점점 채용되기 어려운 환경에서 작은 키에 가무잡잡한 피부의 외모라면 위축될 수도 있다. 그러나 이런 객관적인 분석을 통해 나의 단점을 정확하게 바라보면 극복할 방법이 보다 명확해지기 때문에 취업의 문은 좀 더 가까워질 수 있다. 나의 약점과 위협 대신 강점과 기회를 살리는 방향으로 나를 새롭게 무장해야 한다.

사례자의 경우, 장점이자 강점인 글로벌 환경에 적합한 긍정적인 마인드, 자신감과 영어회화에 대한 능력을 무기로 만들면 된다. 일부 외모지상주의 관점에서 공연히 자신을 하찮게 평가절하하여 입사지원서 내기를 망설일지

도 모를 지원자에게 이런 분석을 통한 조언은 분명히 구체적인 도움이 될 수 있다. 강점은 최대로 약점은 최소로 무장하고 위협적인 요소를 극복하는 방법인 스왓 분석은 나를 좀 더 정확하게 볼 기회를 만들어 준다.

스왓 분석을 활용해서 스피치를 준비한다면 본인의 장단점 파악을 통해 듣는 사람에게 좀 더 효과적으로 전달할 수 있다. 열심히 노력하라는 강사의 막연한 말보다는 이런 구체적인 분석을 통해서 청중을 깊이 이해한 강사의 말이 피가 되고 살이 되기 때문이다.

SWOT은 강의 대상을 파악하고, 나의 비즈니스 경쟁력 확인에도 도움을 준다. 스피치 강의 시장에 뛰어들려는 모 씨의 SWOT을 통해 모 씨의 기회를 분석해보자.

〈사례2〉
강점 : 전반적으로 스피치에 좋은 자산(좋은 목소리, 정확한 발음, 호감 가는 외모, 활발한 제스처, 방송 경력 등 다양한 이력, 인지도, 인맥)을 확보
단점 : 말이 빠르고 말할 때 다소 지루하다(빠른 말 속도, 긴 문장, 목소리 톤의 변화가 적다, 적은 강의 횟수)
기회 : 외모에 대한 큰 관심, 강도 높은 사회적 스트레스, 다양한 기업체 강의, 표현력·발표력을 중시하는 사회현상, 말하기 코칭 시장 증가
위협 : 수많은 강사, 강사는 대동소이라는 인식

스피치 시장에서 모 씨의 경쟁력은 어느 정도일까? 치열한 강의 시장에서 수많은 강사가 활동 중인데 초라한 강의 경력으로 설 자리가 있을까라는 걱정이 앞서는 모 씨에게 장밋빛 기회가 찾아올 수 있을까? 그러나 돌려 생각

하면 강사 수가 많다는 것은 강의 시장이 크다는 것을 반증하는 요소이므로 모 씨가 능력만 갖춘다면 좋은 기회를 만들어 볼 수 있다. 그동안 본인은 잘 인지하지 못했던, 말이 빨라 전달력이 떨어지는 부분도 냉정하게 파악한 이상 말을 천천히 하는 습관을 기르고, 말하기에 대한 관심이 두드러진 사회적 분위기 속에서 모 씨의 경력과 인지도로 강의 콘텐츠를 확보해서 강의 시장에 뛰어든다면 기회는 충분하다고 볼 수 있다. 이렇듯 SWOT 분석은 모 씨가 막연하게 강의 시장에 뛰어드는 것보다는 훨씬 안정적이고 효과적인 방법을 제시하여 줄 수 있고, 나의 강점을 기회 요소로 활용해서 시장에 성공적으로 진입할 수 있도록 도와준다. 막연하게, 시장에 뛰어들어도 될까 불안해하던 모 씨에게 어둠 속 한 줄기 빛처럼 분명한 도움을 줄 수 있을 것이다. 이렇게 본인의 스피치 능력을 객관적으로 판단할 수 있는 중요한 기준으로, 스피치의 주제를 분석하는데도 유용하게 쓰일 수 있는 것이 스왓분석의 장점이다.

다음은 〈성공하는 사회생활〉이라는 주제의 강의를 스왓으로 간단하게 분석해 봤다.

〈주제 - 성공하는 사회생활〉

강점 : 다양한 실제 성공 사례, 주제에 부합하는 시청각 자료

단점 : 교과서적인 내용

기회 : 조직 내 성공에 대한 갈망, 첫 사회생활에 대한 불안 심리, 빠른 조기 퇴직

위협 : 잦은 이직, 소규모 창업 관심 고조

도덕 교과서적인 내용으로 듣는 사람이 다소 지루해 질 수 있는 내용의 강

의다. 사실 〈성공하는 사회생활〉이라는 제목부터가 진부하다고 할 수 있다. 어떻게 하면 청중을 졸지 않고 재미있는 유익한 시간으로 강의시간을 채울 수 있을까 고민이 된다. 한 번쯤 사물을 멀리 놓고 바라보면 가까이서 미처 보지 못했던 색다른 면을 발견 할 수 있다. 이처럼 스왓분석을 통해 보면 좀 더 객관적인 시각으로 그렇게 어렵지만은 아닌 강의가 될 수 있음을 알 수 있다.

즉, 나의 강의 내용도 분석 가능하지만 요즘의 사회적 인식 변화를 확인할 수 있다는 점에서 더욱 도움이 된다. 시대를 볼 줄 알아야 비로소 청중의 마음을 흔드는 성공한 강의가 될 수 있기 때문이다.

최근 성공 혹은 안정된 직장생활을 갈망하는 대다수 사람은 어렵게 취업한 신입사원이거나 명퇴를 걱정하는 40대 이후의 직장인이 주류다. 그래서, 그들은 조직 내에서 성공적인 직장생활에 대한 니즈가 그 어떤 때와 비교할 수 없을 정도로 높다. 그러면 강사는 이런 청중들의 변화된 마인드와 바뀐 시대적 조류를 바탕으로 실감나는 시청각 자료와 본인의 실제경험, 성공 사례를 강의에 반영하여 진행한다면 스왓분석에서 본 것처럼 약점과 위협요인은 최소화하고 강점과 기회 요인을 십분 활용한 성공적인 강의를 만들 수 있다.

자신의 발표나 강연용 원고를 쓴 후, 그 주제가 현재의 외부환경과 들어맞는지 스왓분석을 적용해 정리하면 주제를 좀 더 명확하게 할 수 있다.

SWOT 분석은 일반적인 기업환경 속에서만 본연의 역할을 하는 것이 아니라, 일상에서도 내가 처한 상황을 객관적으로 바라보는 눈을 주고 극복 방안을 제시해 줌으로써 효과적으로 사용할 수 있다.

내가 누구인지를 알고 상대(청중)에게 다가가는 스왓분석을 통한 결과가 지피지기면 백전백승이라는 옛말의 21세기 버전이 아닌가 싶다.

나를 둘러싼 내·외부 환경을 객관적으로 분석함으로써 시장에서 성공할 기회를 제공하는 이 분석 기법을 스피치에도 활용하면 부족했던 스피치의 2%를 오히려 플러스 알파로 채워줄 것이다.

Chapter 4

스킬업(Skill Up)! 성숙한 스피치 마케팅 기법 II

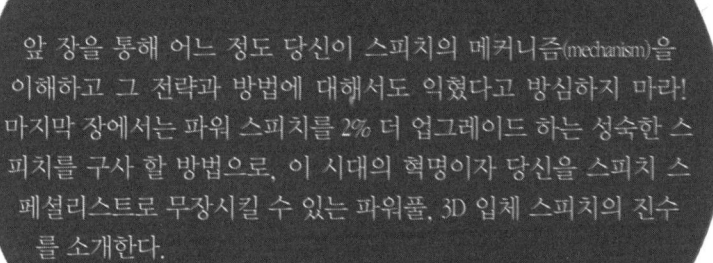

앞 장을 통해 어느 정도 당신이 스피치의 메커니즘(mechanism)을 이해하고 그 전략과 방법에 대해서도 익혔다고 방심하지 마라! 마지막 장에서는 파워 스피치를 2% 더 업그레이드 하는 성숙한 스피치를 구사 할 방법으로, 이 시대의 혁명이자 당신을 스피치 스페셜리스트로 무장시킬 수 있는 파워풀, 3D 입체 스피치의 진수를 소개한다.

● *전달 효과를 업(Up)시키고 싶은 당신에게*

당신만의 방식으로 호흡하라

 누구든지 자기만의 방식으로 일을 처리한다. 공부할 때에도 나름의 스타일이 있다. 아침에 공부가 잘된다는 새벽형 인간이 있는가 하면 밤늦게 잘 된다는 올빼미형 인간도 있다. '너는 왜 그래? 난 또 왜 이래?'라고 이야기할 때도 있지만 사실 그것은 '너이고 나니까', '우리가 모두 같을 수 없으니까' 그런 것이다.

 말하기도 마찬가지다. 나만의 호흡이란 얼마나 전달력 있게 말을 할 수 있는지에 대한 고민으로 곧, 전달력의 문제이다. 말이 빠르다고 전달력이 떨어지고 말을 천천히 한다고 해서 전달력이 높은 것은 아니다. 말하는 스타일의 개발이 필요하다. 그중에서도 말 사이에 쉬어가는 멈춤 포인트와 길이에 따라 말의 힘이 달라짐을 알고 말의 틈새(간극)인 포즈(pause, 멈춤·휴지)의 개발에 관심이 있어야 한다. 당신의 말하기 인상을 결정짓는 호흡이 곧 당신의 말하기를 다운시킬 수도 있지만 업시킬 수도 있다.

 말이 아무리 빨라도 나만의 강조 포인트에서 짧게라도 한 호흡 쉬고 나서 말하면 전달력의 강도가 달라진다. 결국, 스피치의 힘은 말의 속도가 아닌, 호흡이 더 중요한 문제라고 할 수 있다. 아무리 말이 느려도 쉬어가는 호흡 포인트가 없이 말을 한다면 아마 듣는 사람 대부분은 '언제 이 말이 끝날까.' 하고 지루해 할 것이다. 그런데 연설과 발표를 자주 하는 정치인 대다수가 말이 느리다. 국민을 상대로 말로 먹고사는 직업이다 보니 말 한 마디 한 마디가 중요하기 때문일 것이다.

본인의 출신 배경에 따라 정치인도 말하는 스타일이 모두 다르다. 학생운동을 했던 정치가는 다소 웅변적인 말투로 이야기하고 선생님 출신의 정치가는 조용조용 논리적으로 가르치듯이 말한다. 반면 홈쇼핑 방송의 쇼핑 호스트는 일반적인 방송에 비해 말의 속도가 상당히 빠른 편이다. 이들도 자세히 들어보면 나름의 호흡을 유지하고 있음을 발견할 수 있다. 말 중간의 포즈를 길게 두고 진행하여 확 주목시키는 쇼핑 호스트도 있고 포즈 없이 그냥 달리는 쇼핑 호스트도 있기 때문이다. 똑같아 보이는 이들도 모두가 빠르지는 않고 같아 보여도 다 다르다. 당신이 어떤 일을 하건, 말의 전달력을 높이는 방법으로 당신만의 호흡을 만들어야 한다. 나도 예전에는 말하는 재주가 정말 없었다. 그냥 떠드는 수준이었다. 일상에서나 방송에서도 그저 생각나는 대로 빠르게 입 밖으로 쏟아내어 말은 많으나 정작 남의 귀에 잘 들리지 않았다.

말하는 직업을 갖고 있다 보니 더더욱 그 부분이 남들보다 늘 고민이었다. 어느 날, 혼자 진행한 보험방송에서 말의 빠르기를 살짝 늦추고 내 말을 들으며 방송을 해보았다. 말이 급하지 않으니 다음 할 말이 자연스럽게 생각났고 호흡을 느끼며 방송을 하니 훨씬 좋았다. 물론, 프레젠테이션을 끝낼 때마다 스태프들의 박수와 칭찬이 이어졌다. 호흡을 좀 더 길게 가져가니까 잘 들려

전달력이 훨씬 좋다는 이야기였다. 방송현장에서 일하고, 40명 쇼핑 호스트의 모든 방송을 보는 스태프의 칭찬이라, 정말 기분이 좋았다. 일상에서도 말하는 스타일을 바꾸니까 역시 말에 대한 주목도와 반응이 달랐다. 마치 긴 터널을 뚫고 지나온 느낌이었다. 그날 이후 나만의 호흡을 가져가는 것은 나를 위한 것이기도 하지만 상대를 배려하는 노하우도 될 수 있겠다는 생각이 들었다. 나에게 맞는, 전달력을 높인 호흡법이란 결국, 상대가 듣기에 편하고 잘 들려 이해가 잘되는 숨 고르기와 숨 쉬어가기이다. 이렇듯 스피치에서 나에게 맞는 호흡 노하우는 원활한 의사소통을 도와주는 하나의 방법이 될 수 있다.

말하기에만 집중하지 말고 상대의 반응을 살펴가며 속도와 포즈에 신경을 쓰면서 말하는 노력을 해보아라. 나만의 호흡을 찾게 될 것이고 주위의 반응도 상당히 긍정적으로 바뀔 것이다. 결국, 말이란 전달력의 싸움이다. 누가 얼마나 잘 전달하느냐가 관건인데, 이때 중요한 역할을 하는 것이 바로 나만의 호흡임을 기억하자.

● 주목받고 싶은 당신에게

놀랄만한 쇼킹 스피치를 하라

누군가 "그 집은 애가 셋인데 또 임신했대. 어떡해?"라고 말을 했다.

그런데 옆에 있던 사람이 "그래? 백인 사이에서 흑인 아이가 나왔대? 알고 있었어?"라고 이야기한다면 누구의 말에 이목이 더 집중될까? 물론 확률적으로 거의 불가능한 백인 사이에서 태어난 흑인 아이의 이야기이다. 이처럼 충격적인 내용을 이야기하면 주위 사람에게 큰 관심을 끌어낼 수 있다. 다음 두 가지 뉴스도 쇼킹 스피치를 이용한 사례이다.

'하루 교통사고로 말미암은 사망자 수가 상상을 초월한다고 합니다. 하루 서울시내에서만 교통사고 사망자 수가 매일 10명 정도이고 사고 건수는 하루 수십 건을 기록한다고 합니다.'

'신종 플루로 인한 감염자 수가 빠른 속도로 증가하고 있다고 합니다. 초기에는 하루 수십 명에 불과하던 신종 플루 환자 수가 요즘은 수천 명으로 증가해서 급기야 현재 감염자 수가 10만 명을 돌파했다고 합니다. 이제 모두가 주의를 기울여야 할 때입니다.'

물론 이때 주의할 점은 너무 과장되거나 거짓을 말해서는 안 된다.

이런 충격적인 사실을 서두에서 미리 말하면 주위 사람의 관심을 이끌어낼 수 있고 듣는 사람과 말하는 사람의 관계를 좀 더 밀착시킬 수 있다. 쇼킹 스피치란 듣는 사람이 다음 이야기에 귀 기울이게 되고 계속 집중하게 하는 스피치 방법이라고 할 수 있다.

화자와 청자가 처음 만나면 어색하기 마련이다. 그때 충격적인 사실로 관심을 이끌어내어 어색함을 덜어주고 화자의 말에 귀 기울이게 할 수 있는 효과적인 방법이 쇼킹 스피치다. 그러나 쇼킹 스피치를 할 때 쓸데없이 과장하면 오히려 반감을 불러일으킬 수 있고 자주 하면 역효과가 날 수 있기 때문에 유효·적절하게 사용해야 한다. 시선을 끌기 위하여 갑자기 소리를 지르거나 억지스러운 제스처로 이야기를 시작했다고 하자. 돌발적인 행동으로 청중에게 순간적으로 관심을 얻어낼 수는 있어도 그의 이야기에 호감이 가기는 어렵다. 쇼킹 스피치로 말을 할 때는 지나치게 과장된 내용이나 모습으로 접근하여, 주목받으려다 오히려 신뢰를 잃을 수도 있으므로 조심해야 한다.

예를 들어 유명 연예인이 "제가 오늘 처음으로 말씀드리는 얘긴데요, 얼마 전 제 인생 최대의 기막힌 사건이 일어났습니다."라고 할 이야기의 핵심을 미리 꺼내면 우리는 눈을 크게 뜨고 귀를 쫑긋 세우게 된다. 물론 유명 연예인이어서 관심을 둘 수도 있지만, 일반인이더라도 엄청난 본인의 이야기를 한다면 아마 모두가 큰 관심을 보일 것이다. 첫 한마디에 주제의 핵심을 이미 언급했기 때문에 다음 나올 이야기에 청중이 자연스럽게 관심을 끌게 하는 이치다.

이처럼 충격적인 사실은 듣는 사람의 마음을 흔들어 놓을 수 있지만, 자주 사용하면 그 효과가 떨어지기 때문에 결정적인 순간에만 사용해야 한다. 선거 때마다 등장하는 남북 간 긴장조성 기사가 이제는 누구도 긴장하지 않는 낡은 기사가 되어버린 것과 같은 이치다.

때로 쇼킹한 호기심 유발 기사를 쓰는 기자들이 네티즌에게 뭇매를 맞기도 한다. 물론 검색 수는 높지만, 상대적으로 상황에 따라서는 뒤탈까지도 고려해야 하는 것이 호기심 유발 기사다. 충격적인 내용은 때론 대중의 큰 관심을 이끌어낼 수 있고 또, 듣는 사람과 말하는 사람의 관계를 좀 더 밀착시킬 수 있다. 이때 너무 과장하거나 거짓을 말해서는 안 된다는 점에 주의하자.

〈화제 집중〉, 〈세상에 이런 일이〉, 〈이야기 속으로〉, 〈진실 혹은 거짓〉, 〈믿거나 말거나〉, 〈생활의 달인〉, 〈인생 대역전〉, 〈불만 제로〉, 〈소비자 고발〉…. 이런 프로그램에는 늘 '악' 소리나 '우와' 하는 감탄사가 따라다닌다. 놀랄 만한 이야깃 거리를 끝없이 몰고 다니며 쏟아내기 때문이다. 열거한 프로그램을 방송할 시간이면 으레 뭔가 신기하거나 놀랍거나 새롭거나 무섭거나 아무튼 공통점은 하나같이 쇼킹한 내용을 보여주려니 하는 기대감으로 텔레비전 앞에 앉게 된다. 떠오르는 프로그램 중 대표적인 몇 가지만 적어봤지만 아마 여러분도 가만 생각해 보면 떠오르는 작품이 더 많이 있을 것이다.

이처럼 텔레비전 방송 중에는 쇼킹 스피치 기법을 보여준 프로그램이 참 많다. 아니 그보다는 텔레비전 방송의 기본이 쇼킹이 아닌가 싶다. 시청자를 끌어들이고 시청률을 잡으려면 인물이든 아이템이든 늘 신기하고 놀라워야 하기 때문이다. 그래서 새롭고 놀랍고 기발한 아이템이나 인물을 찾아 방송 스태프는 오늘도 동분서주할 수밖에 없다. 물론 뉴스를 전해야 하는 기자는 더욱 그렇다. 누가 먼저 터트리느냐의 타이밍도 아주 중요하다. 다른 누군가가 이미 소개한 내용이라면 시청자는 맥이 빠진다. 특히 대중의 관심사인 가십거리나 스캔들을 전하기 위해 연예부 기자의 기사나 연예 프로그램의 스태프는 누구보다 시기를 다툰다. 아무리 놀라운 사실이라도 처음 소개하는 게 아니라면 그 놀라움은 반감할 수밖에 없다. 쇼킹을 경험한 사람은 더 강력한 내용을 원한다. 마치 항생제에 물들어 가는 우리 몸이 점점 더 센 항생제를 요구하듯 프로그램도 웬만해서는 면역력이 생겨 시청자가 놀라지 않는다. 방송인으로서는 참 반갑지 않은 이야기다. 점점 높아가는 시청자의 눈높이와 입맛을 맞추기엔 방송 환경이나 아이템에 제한이 있기 때문이다. 쇼킹의 중심에 서 있는 대표적인 직업인 기자를 따라다니면 늘 사건·사고가 있다. 기자가 사건·사고를 따라다니는지 사건·사고가 그들을 따라다니는지 모를 정도로 기자의 삶은 사건·사고의 연속이다. 같은 사건·사고라도 어떤 이야기 구성에 따라 어떤 순서로 터뜨리는지도 쇼킹 스피치에서 중요하다. 그러므로 기자의 뉴스 전달법, 그들의 스피치를 꼭 벤치마킹해보기를 바란다.

사람 중엔 늘 화제를 몰고 다니는 사람이 있다. 그 사람 자체가 엉뚱해서 그 입에서 무슨 말이 나올지 모른다. 중요한 내용까지는 아니더라도 궁금하고 재미있기는 하다. 그래서 저 사람이 오늘은 무슨 말을 할까 궁금하다. 같은 내용을 전해도 어떤 사람이 하면 정말 같은 이야기 맞나 싶게 궁금하지도 놀랍지도 않고 심지어 따분하기까지 하다. 만일 누군가 입을 열자마자 놀라운 이야기를 전한다면 사람들은 최소한 처음 한 번이라도 그를 주목하게 된다. 하던 일을 멈추고 모두가 그의 옆으로 모여든다. 말을 할 때는 아껴두었다가 나중에 꺼낼 수도 있지만 어떤 내용은 쇼킹한 내용으로 먼저 관심을 끌어야 한다.

스피치를 잘하는 사람은 어떤 이야기로 시작할까 늘 고민한다. 처음에 귀 기울여 듣지 않는다면 그 다음에 사람을 끌어모으기란 훨씬 어렵다. 극적인 반전의 상황으로 이야기를 끌어가는 것도 쇼킹 스피치에 해당한다. 월드컵 축구 경기에서 드라마 같은 짜릿한 역전의 우승을 경험했던 사람이라면 기막힌 반전과 역전을 이용한 스피치가 얼마나 효과적인지 짐작할 수 있을 것이다. 앞에서 잠깐 언급한 〈인생 대역전〉, 여심을 울리며 뜨는 박시후 · 김남주 커플 주연의 〈역전의 여왕〉 등 반전이나 역전이라는 단어가 들어가면 왠지 모르게 보고 싶어진다. 사람들의 기대심리를 충족시켜주는 빤한 결과를 보여주겠지만 그래도 우리는 역전에 열광한다.

그 심리를 스피치에 이용하라!

● 호기심 유도를 원하는 당신에게

시선 집중의 티저 스피치를 하라

'티저(teaser)' 란 '짓궂은 사람' 이란 뜻으로 소비자에게 매일 전달되는 신문이나 방송매체를 이용한 광고로서 광고주나 제품을 의도적으로 숨긴 채 의외성으로 주목을 끄는 광고이다. 궁금한 것을 참지 못하는 사람의 심리를 이용한 이 기술은 관심을 키우는 데 효과적이다. 처음 선보이는 상품을 소개할 때 좀 더 많은 관심과 시선을 끌기 위해서 사용하는 기법이라 주로 신제품 런칭(발매) 광고에서 자주 사용하곤 한다. 상품 광고를 하되, 수수께끼처럼 그 상품 자체는 감추어 두고 광고함으로써 상품에 대한 소비자의 호기심을 극도로 자극한다.

예전의 SKT의 TTL 광고와 KTF의 SHOW 광고를 알고 있는 사람이라면 대다수가 초기 '티저광고' 를 기억할 것이다. 두 브랜드는 소비자의 호기심을 자극하는 방식으로 관심을 끌어내어 성공한 대표적 티저광고다. 약간 멍한 듯 신비로움을 발산하는 예쁜 소녀의 모습을 통하여 어른들의 구시대적인 011에서 스무 살의 011로 회사 이미지를 새롭게 포지셔닝한 SKT의 TTL, 다양한 방식으로 SHOW의 탄생을 알리며 런칭 한 KTF의 광고는 당시 매우 파격적이고 인상적이어서 시선을 끌 만했다.

　홈쇼핑도 광고의 한 부류인 광고성 방송이기 때문에 티저 방식을 살짝 빌어 판매한 적이 있다. 첫 설명에서 쇼핑의 가장 기본 정보인 가격을 일부러 물음표로 두고 방송을 시작한다. 구매를 마음먹은 소비자는 구매 여부의 결정적 요소인 가격을 모르니 안절부절한다. 설명이 끝날 무렵 호기심을 갖고 상품 설명을 열심히 듣던 시청자에게 가격을 공개한다. 물론 소비자의 상상을 뛰어넘는 착한 가격, 좋은 조건이어야 한다. 그래야 소비자가 강하게 반응할 것이기 때문이다.

　영화 예고편도 궁금증을 일으키는 광고 유형에 속한다. 최고의 장면은 감춰둔 채 소비자가 보고 싶어할 만한 명장면만 노출해 호기심을 최대로 자극한 후 마지막 장면에서 개봉일만 알리는 방식을 취하여 관람객을 끌어모으기 때문이다. 앞에서 보았듯이 상대방의 호기심을 자극하여 궁금증을 최고조로 이르게 하는 티저 방식의 커뮤니케이션이 때로는 아주 효과적인 방법이 될 수 있다.

　또 다른 예로 사람들이 추리소설에 열광하는 이유는 서스펜스(긴장감) 때문이다. 긴장감과 호기심을 일으키는 이야기 구성이 사람의 흥미를 끈다. 유명한 추리 소설가들은 긴장 음을 만드는데 심혈을 기울이고, 화술에 능숙한 사람도 추리소설가처럼 서스펜스를 이용한다. 듣는 사람의 호기심을 자극하고 주의력을 높이는데 서스펜스만큼 효과적인 방법이 없기 때문이다.

　이처럼 긴장감을 적용한 말하기 유형을 티저 스피치라 하고 이를 스피치에 적용해 보자.

용산 하면 전자상가 때문에 가전제품을 떠올리는 사람이 많다. 디지털카메라를 사러 가면 대다수 판매원은 좋은 조건으로 주겠다고 일단 유인한다. 만일 조금이라도 관심을 보이면 설명을 듣겠다는 의사로 생각하고 바로 상품에 대한 자랑으로 이어간다. 천만 화소여서 화질이 깨끗하고, 동영상도 잘 찍히고, 자동기능 덕분에 다양한 환경에서 촬영하기 편리하다며 입에 침이 마르도록 상품을 칭찬한다. 그런데 우리가 가전제품을 구매하기 위하여 용산을 찾는 진짜 이유는 수많은 제품을 한눈에 볼 수 있고 현장에서 가격 비교를 할 수 있다는 편리함 때문이다. 널린 게 매장이고, 가장 좋은 가격을 부르는 매장을 선택하여 값싸게 구매할 수 있다는 매력 때문에 용산이 장소적 의미가 있다. 그런데 정작 가장 궁금한 가격에 대해서는 한마디도 없고 재촉하면 그제야 당신한테만 주는 가격이라며 계산기에 가격을 찍는다. 제품 자랑으로 구입의 타당성을 알리고 가장 관심사였던 가격이 생각 외로 싸거나 예상가격과 비슷하기만 해도 누구나 구매 의사를 갖게 될 것이다. 가장 궁금해할 내용을 마지막에 알려주어 극적인 판매로 유인하는 식이다. 판매에서의 티저 기법이라고 할 수 있다. 또, 이런 책 소개는 어떤가?

"이 책은 경영학을 공부하고 마케팅에 조금이라도 관심이 있는 사람이라면 기본으로 꼭 읽으셔야 합니다. 격변하는 마케팅 현장에서의 실제 사례를 이론과 접목해 이해를 도와주는 이 책은 이미 10만 부 이상 판매되었고 많은 기업 특히 광고회사에서는 마케팅 교육 교재로 채택하고 있습니다. 심지어 경영학이나 마케팅을 전공하지 않은 비전공자라 해도 아주 쉽게 이해할 수 있도록 도와주는, 쉽고 재미있는 마케팅 실용서라고 할 수 있습니다. 학교와 비즈니스 현장에서 동시에 관심 받기 쉽지 않은 우리의 도서시장 상황에서 이 책은 누구나 읽어야 할 마케팅 바이블입니다. 마케팅 현장에 계신 분의 눈과 귀를 열어주고 유능한 사람으로 인정받을 수 있는 지름길로 안내할 것입니다. 그 책은 국내에서 아주 유명한 모 교수의 〈보이지 않는 뿌리〉입니다."
책 소개를 이렇게 한다면 아마 호기심이 생긴 소비자가 마케터의 말이 끝날 때까지 무슨 책인지 계속 궁금해할 것이다. 이렇게 책에 대해 호기심을 갖도록 자극하고 극적인 순간에 책의 이름과 저자를 설명하는 방법도 관심을 최고조로 이끌어 내는 좋은 티저 스피치의 한 예라 할 수 있겠다.

상대가 가장 관심 있을만한 내용을 나중으로 배치하는 형식, 즉 이야기를 진행해갈수록 호기심을 극대화하고 뒷부분에 가서는 궁금증을 없애는 방식으로 말의 틀을 짜면 상대방의 반응이 생각보다 적극적일 것이다. 글쓰기에 글의 첫머리에 중심 내용이 오는 산문 구성 방식인 두괄식과 문단이나 글의 끝 부분에 중심 내용이 오는 산문 구성 방식인 미괄식의 두 가지가 있다면, 말하기의 티저 스피치는 자극적인 화두로 시작해 마지막에 궁금증을 해소하는 미괄식의 스피치라고 할 수 있다.

인상적인 스피치를 통해 말하는 재미, 성공하는 재미를 얻기 원한다면, 호기심에 상대를 쏙 빠져들게 하는 티저 스피치로 완성해 보자.

● 생동감 있는 대화를 꿈꾸는 당신에게

암기식 말하기에서 벗어나라

흔히 스피치의 화자가 발표할 주제에 자신이 없거나 완벽한 결과를 기대하는 경우, 준비한 자료를 통째로 암기하는 경향이 있다. 주제에 자신감이 있다면 굳이 암기하지 않아도 무의식중에도 말이 거침없이 나온다. 때로 실수에 대한 부담감 때문에 발표할 내용을 줄줄 외우는 경우가 있는데 이는 어리석은 일이다. 내용을 모두 완벽하게 외웠다 해도 막상 사람 앞에 서면 잊어버리는 경우가 비일비재하다. 아무리 유명하고 연설에 자신 있는 사람이라 해도 암기한 내용이 떠오르지 않고 눈앞이 캄캄해진 경험이 있을 것이다.

나도 처음 홈쇼핑 방송 진행을 했을 때에는 생방송에 대한 중압감 때문에 실수하지 않으려고 자질구레한 내용까지도 외웠던 적이 있다. 그런데 외워서 하다 보니 중간에 말문이 막히면 바로 방송 사고를 냈다. 그다음에는 더욱더 열심히 외워 방송했다. 그런데도 또 실수했다. 나나 당신이나, 우리는 녹음기가 아니다. 순간 '사람은 실수에서 벗어날 수 없는 존재.'라는 아주 평범한 진리를 깨달았다. 10년이 지난 지금, 방송 전에는 오직 상품의 핵심 소구 포인트만 머릿속에 담아 두고, 방송이 들어가면 소구 포인트를 중심으로 자유롭게 진행한다. 지금은 기계적으로 암기하지 않고 진심을 전하기 위하여 노력할 뿐이다.

링컨은 "틀에 박힌 설교보다 거칠더라도 벌떼와 싸우는 것처럼 흥분한 사람의 이야기를 듣고 싶다."고 말했다. 이 말은 자유로운 말하기가 기계적으로 외워 하는 기계적 암기식 말하기보다 사람의 마음을 사로잡는 데 훨씬 효과적이라는 뜻이다.

강의건 설득이건 스피치의 주된 목적은 내 의견을 피력하고 상대의 반응을 긍정적으로 이끌어내는 것이다. 그래서 말하는 것 못지않게 현장의 분위기 파악도 중요한데, 암기식 스피치는 완전한 스피치가 아닌 스피치의 반만 준비한 꼴이다. 현장에서 상대방과 눈을 마주치며 이야기하다 보면 현장 분위기에 맞는, 준비한 시나리오를 뛰어넘는 적절한 설득 방안이 떠오를 수 있기 때문이다. 이렇게 스피치에서는 현장에서의 순발력이라는 요소를 빼놓을 수 없다. 현장 분위기에 맞는 순발력을 활용하면 암기식 스피치로는 하기 어려운 깊이 있고 생생한 감동, 생동감 있는 스피치를 전할 수 있다.

마치 일방적으로 정보만을 전달하는 차분한 주말 낮 뉴스 방송과 실시간 생방송으로 쌍방 소통하며 현장상황을 반영해야 하는 홈쇼핑의 차이라고나 할까? 주어진 뉴스 원고를 객관적으로 읽어 내려가는 것과 가슴에서 우러나오는 깊은 이야기를 주관적으로 전달하는 것과는 듣는 사람에게 전달되는 감동의 깊이가 분명히 다르기 때문이다. 논리정연하고 통일성이 있다 해도 암기를 통한 말하기 기법은 텔레비전 뉴스 방송이 아닌 이상 효과적인 화술이 아니다. 상대방과 공감하고, 감동을 전하여 듣는 사람을 호소력 있게 설득하여야 한다. 지금부터라도 외우려고만 들지 말고 나를 열어놓고 자유롭게 스피치 하라.

● 상대방의 마음을 얻으려는 당신에게

연애하듯 관심을 보여라

　상대방의 마음을 사로잡고 호감을 얻는 방법에는 여러 가지가 있을 수 있지만, 상대방의 말에 적절한 반응을 보이는 것만큼 좋은 방법은 없다. 판소리 추임새처럼 말하는 상대방에게 꾸준히 반응을 보여 흥을 돋우고, 상대방이 신나서 이야기를 하도록 이끌면 말하는 사람도 듣는 사람에게 호감을 느끼게 되는 것이 인지상정이다. 부족한 내 말에 귀 기울여 주는 것만으로도 고마운데 앞에서 긍정적이고 적극적인 반응을 보여주면 웬만해선 호감 가지 않을 사람이 없다. 칭찬이 고래를 춤추게 한다는 말처럼 긍정적이고 적극적인 호응은 상대방의 스피치를 춤추게 할 수 있다.

　좀 더 좋은 강의를 기대한다면 조금 귀찮더라도, 너무 아니다 싶어도 조금의 반응이라도 보여주자. 설득의 자리에 섰는데 모두가 반응이 없다면, 화자나 청자나 시간이 지나면 지치게 되어있다. 입장 바꿔 생각해보면 당신의 마음이 어려울 때 누군가 당신을 응원해 줄 거라는 믿음이 당신에게 작지만 큰 힘이 되지 않았던가? 당신의 아주 사소한 긍정적 반응이 상대방에게는 큰 힘이 될 수 있다.

스피치는 사람과 사람 사이에 이루어지는 커뮤니케이션이기에 매우 상호적이다. 1대 다수의 스피치 방식인 강의는 특히 상대의 반응이 상당히 중요하다. 강사가 주로 말을 하기 때문에 질문 시간을 제외하고는 듣는 사람이 말할 기회가 드물다. 그래서 강연자는 청중이 크게 반응이 없으면 불안하여 반응을 자꾸 확인하게 된다. "무슨 말인지 아시겠죠? 재미있어요? 말이 어렵나요?" 등의 질문을 강의 중간마다 하게 된다. 내 말을 듣는지, 이해하는지에 대한 궁금증 때문이다. 만약 듣는 청중이 "아하, 맞아." 혹은 웃음이나 박수 같은 추임새를 계속 넣어 주면 강사는 탄력을 받아 준비한 내용 이상의 알짜배기 이야기를 들려준다.

재미없어 반응하지 않는 것은 둘째 치고 강사의 강의가 좋거나 나쁘거나 마음에 들거나 시원치 않거나 상관없이, 원래 태생적으로 무반응으로 일관하는 것 또한, 성숙한 청자의 모습이 아니다. 스피치 내용이 좋을 때에는 좀 지나치다 싶어도 적극적으로 반응하자. 말하는 사람이 힘을 얻어 더 흥이 나서 말을 하게 되면 듣는 사람도 기대 이상의 소득을 얻을 수 있으니 누구도 손해 볼 게 없다. 즉, 말하는 사람이나 듣는 사람이나 모두가 득을 보는 윈윈(win-win)인 셈이다.

말 중간 중간에 '잘 될 거야', '대단한데', '정말?', '그래서 그다음에는 어떻게 됐는데?', '우와' 와 같은 청자의 언어적 반응 혹은 박수 등의 비언어적 반응은 말하는 사람에게는 곧 응원의 메시지와 같다. 만일 그가 당신이 사랑하는 애인이라면 멀뚱멀뚱 쳐다보거나 무덤덤한 반응을 보이거나 딴짓을 하지는 않으리라. 그 사람의 마음을 얻기 위해, 아니 훔치기 위해 갖은 노력을 다할게 뻔하다.

그렇다! 상대방의 마음을 얻으려면 관심을 보이고 적극적으로 반응하고 응

원하며 어떠한 상황에서도 그 사람의 편이 되어 주어야 한다. 그러니 말하는 사람이나 들어주는 사람이나 상대의 말에는 마음으로 연애하듯 관심을 보이고 반응하라! 간단한 반응과 호기심을 보여 상대방의 마음을 훔치면, 자연히 호의를 느끼고 진심으로 서로 알게 되는 계기가 되고, 가슴속 깊은 이야기까지 털어놓는 친밀한 사이가 되고, 서로의 마음을 얻게 될 것이다. 앞으로는 상대의 말에 작은 반응이라도 표현하자. 긴장한 화자의 편이 되자! 그가 말에 탄력을 받을 수 있도록. 평소에 연애하듯 상대에게 관심을 보이며 대화하기를 실천한다면 어느 순간 당신은 세상에서 가장 소중한 사람의 마음까지도 얻을 수 있을 것이다.

● 상대방을 설득하려는 당신에게

열정을 가지고 진심을 보여라

상대방을 설득하려면 말에 마음을 담아야 한다.

이성적이고 논리적인 말은 상대방을 이해시킬 수는 있어도 감동을 줄 수는 없다. 감동을 주기 위해서는 열정이 느껴져야 한다. 말로 상대의 마음을 사로잡고 싶다면 말 속에 열정을 담아야 한다. 열정은 어떤 화려한 말보다도 강력한 영향력이 있음을 명심하라.

말을 유창하게 하는 능변가가 있다. 예를 들어 쇼핑 호스트 중에서도 정말 다양한 사례를 물 흐르듯이 잘 표현하는 사람이 있다. 반대로 더러 아마추어 같은 모습을 보이긴 해도 진심이 묻어나고 자신을 열정적으로 표현하는 사람이 있다면 당신은 누구에게 더 후한 점수를 줄까? 프로답게 논리적으로 말 잘하는 이미지도 중요하지만 듣는 사람은 이성적인 이야기를 뛰어넘어 진심이 느껴지는 이야기를 원한다.

파워풀한 무대매너를 보이는 대표적인 가수 중에 대형가수 인순이 씨가 있다. 사실 예전에는 그녀를 그저 열창하는 가수로만 생각했다. 나이가 들고 연

륜이 쌓이면서 그녀의 노래는 인생을 노래하는 듯했고, 무대 위에서 열창하는 모습을 통하여 보이는 그녀의 삶은 진실 그 이상의 무언가가 느껴졌다. 우리는 어쩌다 그녀가 〈열린 음악회〉에라도 나오면 눈을 떼지 못하고는 그녀가 들려주는 채 10분도 안 되는 한두 곡의 노래만으로도 진한 감동을 받곤 한다. 사람들은 들려줄 이야기에 상대방의 '마음을 담아야' 비로소 호응하고 공감한다. 아무리 능수능란하게 화술을 구사해도 논리적이고 이성적이기만 하다면 그 이야기를 들어야만 하는 특별한 이유나 목적이 있지 않는 한, 귀 기울이지 않게 된다.

한 때 안방극장을 주름잡으며 대중의 사랑을 받았던 중년 탤런트 김영애 씨도 그렇다. 그녀가 홈쇼핑에서 몇 년 동안 모습을 드러낸 적이 있다. 마치 신기(神技)가 내린 듯 이어지는 그녀의 상품 설명은 도저히 사지 않고는 못 배기게 하였다. 우리가 알고 있던 극 중의 가냘픈 모습이 아니어서 놀란 기억이 있다. 또 다른 김영애 씨의 모습이 홈쇼핑 화면을 통해 방송되었다. 한 번 카메라의 원 샷을 받으면 진심을 절절하게 쏟아내는 방송 멘트와 호흡, 중년 연기자다운 카리스마와 진솔한 표정으로 김영애 씨의 팩 제품은 매출이 항상 좋았다.

지금 C모 홈쇼핑에서 매주 토요일 방송을 진행하는 왕영은 씨는 어찌 보면 김영애 씨의 진심과 열정을 좀 더 부드럽게 표현한 사례로, 그녀의 홈쇼핑 방송 역시 성공적이다. 돈 벌 목적으로 대충 의례적으로 일관해오던 연예인의 홈쇼핑 방송답지 않게 처음으로, 그녀에게서는 진심과 열정이 느껴졌다. 우리도 일상에서 얼마든지 상대를 매료시킬 수 있는 진심과 열정을 표현할 수 있다. 얼마 전 주말 방송프로그램의 한 인기 코너에서 뮤지컬 감독 겸 음악

감독인 박칼린이 〈남자의 자격〉의 합창단을 통하여 보여준, 마음을 움직이는 카리스마에 시청자들이 감탄했다. 그녀는 같은 곡, 같은 가수가 불러도 그 느낌과 전해지는 정도가 얼마나 달라질 수 있는지 보여준 사례였다. 말도, 대화도 마찬가지다. 상대방을 설득하려는 당신이라면 진심과 열정을 담은 말을 구사하라.

이렇듯 어떤 화제와 이야기로 상대방에게 감동을 주려면, 열정을 가지고 자기 자신이 먼저 감동할 수 있어야 한다. 자신도 감동하지 못할 만큼 열정이 없다면 상대에게 전해질 리 없다.

어떻게 하면 상대가 당신의 열정을 받아들일 수 있을까?

일단 호흡을 가다듬고 한 마디 한 마디 진심을 담아서 이야기하라. 강조해야 하는 부분에서는 분명하게 힘을 실어 말하고 적절한 포즈를 이용해 쉬어 가기도 해야 한다. 주장하는 바를 열정을 실어 명확하게, 진심을 바탕으로 전한다면 감동을 줄 수 있다. 그래도 이해가 잘 안 된다면 이미 이야기한 그녀들의 방송을 보는 것도 좋은 공부가 된다.

본인의 경험을 통하여 얻은 철학이나 가치, 살아 있는 정보 등을 활용한 말하기에는 진심이 전해진다. 그러나 아무리 진심을 담아도 말재주가 너무 없으면 안타깝게도 상대가 느끼는 진심이나 열정의 크기는 줄어들 수밖에 없다. 열정적으로 보여야 한다고 해서 반드시 목소리를 높여 격정적으로 말할 필요는 없다. 정말 힘주어 말해야 하는 부분 직전까지 높은 톤을 구사하다가 클라이맥스에서 오히려 톤을 살짝 낮추어 상대방이 주의를 기울여 듣게 하는 것도 하나의 방법이다.

말하는 사이사이 적당하고 적절한 길이의 쉬어가기와 포즈도 매우 중요하다. 특히 클라이맥스 직전, 포즈를 평소와 다르게 좀 길게 주는 것도 효과적이다. 좀 더 쉽게 이야기하자면 드라마나 다큐멘터리 프로그램에서도 왁자지껄하다가도 가장 중요한 순간에는 오히려 적막이 흐르는 것을 본다. 배경음악이나 대사도 없이 오직 배우의 표정이나 상황에 집중하도록 유도해서 출연자와 같은 감정 이입으로 시청자의 감정선을 최고조로 살리는 경우인데, 그것과 같은 이치라고 하겠다.

강조할 부분에서는 포즈와 함께 눈을 통하여 전달하는 표정, 눈동자의 움직임도 매우 중요하다. 눈은 마음의 거울이기 때문에 우리의 마음이 눈을 통해 상대방에게 그대로 드러나고 전해지기 때문이다. 그래서 눈은 못 속인다는 말도 있지 않은가!

말하기를 통해 상대방에게 당신의 열정이 고스란히 전해진다면 분명히 당신의 스피치는 상대의 마음에 꽂혀 강한 울림을 줄 것이고 가수 인순이의 열정적인 무대처럼 진한 감동을 줄 수 있을 것이다.

● 진정성을 전하고 싶은 당신에게

지식 말고 경험으로 소통하라

스피치에서 가장 중요한 것은 진정성이고 진정성을 가장 잘 표현할 방법은 진실에서 나오는 감동이다. 말하기에서 약간 거칠고 투박해도 진정성이 묻어나는 말이 미사여구를 사용한 화려한 문장보다 훨씬 더 큰 힘을 가진다. 말하기를 통하여 언제 진실의 힘을 가장 크게 경험할 수 있을까? 당신의 경험을 듣는 사람이 말의 내용에 몰입하여 마치 당신 자신이라도 된 것처럼 감정이입이 된다면 훨씬 힘 있는 스피치가 될 수 있다. 미리 준비한 논리적이고 차분한 이야기 못지않게 생생한 경험을 전달할 때 스피치의 위력을 더 크게 발휘할 수 있다.

홈쇼핑방송을 진행하는 쇼핑 호스트인 나도 마찬가지다. 상품을 사용해 본 사람과 사용해 보지 않고 방송을 진행하는 사람과는 방송 스피치에 엄청난 차이가 있다.

한창 홍삼제조기 열풍이 불 때였다. 갑작스러운 편성 변경으로 제품을 만져 보지도 못하고, 지난 방송 모니터링만을 겨우 끝낸 상태로 해당 제품의 첫 방송에 투입되었다. 경험해 본 게 없으니 살아 있는 말하기는 기대할 수 없었다. 그저 상품을 설명해 주는 기술서 수준에 머물러야 했다. 가격, 조건 안내와 먹어보고 "정말 진하네요. 잘 되는데요." 하는 건조한 상품 설명 등 홈쇼핑 전용의 빤한 멘트만 늘어놓았다. 방송하고 나면 개운하고 보람을 느껴야 하는데 이 경우는 3년 묵은 체증이 가라앉기는커녕 거기에 1년을 더한 느낌이어서 마음이 무거웠다. 실제로 사용해 보고 생생한 체험 후기를 더한 진행이었다면 좋았을 텐데 하는 아쉬움이 남았다. 홈쇼핑에서 상품을 소개하는 쇼핑 호스트에게는 체험만큼 소중한 게 없다. 백문이 불여일견, 아무리 다양한 지식을 가진 사람도 체험한 사람을 당할 수는 없는 법이다!

제품설명에서 체험의 중요성을 크게 깨달은 홍삼제조기 첫 방송 이후, 집에서 죽 등을 직접 만들어 먹으며 제품을 꼼꼼히 파악했다. 다음 방송에서는 제품 조작법 설명에서부터 제품을 활용한 요리까지, 그러니까 이론에서 실무까지 웬만한 주부는 저리 가라 싶게 똑 부러지게 설명할 수 있었다. 아는 게 많으니 전하고 싶은 마음이 앞섰다. 눈빛과 말투 표정까지 모두 살아 있었고, 제품의 편리성이며 주부들의 마음을 콕콕 찌르는 멘트가 이어졌다. 당연히 그 기운은 매출까지도 좋게 했다. 첫 방송에서 대충 '감으로' 상품기술서와 PD의 큐시트(진행표)에 의지해서 했던 방송과는 달리 방송의 내용이나 질에서 엄청 차이가 났다. 고객의 공감을 얻어낸 방송으로 고객과 하나 되는 느낌이 전달되었다. 말에 진정성이 느껴지려면 경험이 뒷받침되어야 하고 경험의 차이가 엄청난 방송 진행의 차이를 가져온다는 것을 배운 소중한 기회였다.

쇼핑 호스트는 사전에 받은 방송 편성표를 통해 다음 주에 방송할 상품을 미리 알게 된다. 방송을 준비할 때 업체나 MD로부터 들은 이야기, 인터넷 등을 통해서 수집한 자료만 참고하고 방송에 임하는 것과 내 발품을 팔아서 용산전자상가며 동대문 시장, 노량진 수산시장, 백화점, 마트 등을 직접 다니면서 조사하고 얻은 체험 후에 방송하는 것과는 방송의 질적인 내용이나 매출에서 엄청난 차이가 있다. 현장에서 내가 직접 시장 조사하고, 체험해 보고 겪은 경험이 방송에서도 큰 힘이 된다.

 4대강 문제로 나라 전체가 시끄러웠던 적이 있었다. 수십조 원의 세금을 걷어 새로운 환경을 조성한다고는 하나 환경파괴에 대한 논란도 만만치 않아서 문제라는 이야기가 인터넷과 각종 언론 매체를 통해 계속 보도되었다. 그런데 4대강 사업을 반대하는 대표 중에는 현장에 한 번도 가보지 않고, 읽은 신문 자료만을 근거로 반대하는 분도 있다. 반면, 환경단체 소속 인사는 4대강을 직접 둘러보고 현장의 심각성을 알려주었다. 온실 속의 화초처럼 사무실에 앉아서 4대강을 반대하는 것과 훼손되어가는 자연의 현장 앞에서 햇볕에 그을린 얼굴로 4대강 반대를 외치는 사람과는 전해지는 말의 강도가 다를 수밖에 없다.
 단순히 책상에서 얻은 지식과 땀 흘려 체험으로 얻은 진정성의 깊이는 상대방을 통하여 다시 감동과 설득의 차이로 나타난다. 우리는 사실 강단 위 교수님의 논리 정연한 말보다, 추운 겨울 가락시장에서 차가운 입김을 내뿜으며 하는 거친 상인의 말에 더 크게 감동한다. 대수롭지 않은 이야기라도 생생한 체험담은 듣는 이가 절대 한눈을 팔 수 없게끔 한다. 체험을 통해 얻은 것이 알짜배기요, 진짜배기의 진실이 되기 때문이다. 상대방의 마음을 단번에 사로잡는 화술을 구사하려면 체험을 통하여 삶에서 얻은 것을 전하여야 한다. 삶으로 가르치는 것만 울림이 되어 남는다. 그가 전하는 진정성에 듣는 사람이 마음의 문을 열게 된다.

상대방의 관심을 끌고 싶다면 구체적인 실례를 많이 들어주는 자세가 중요하다. 우리가 잘 아는 〈리더스 다이제스트〉는 다른 잡지에 비하여 엄청난 발행 부수를 자랑한다. 가격이 저렴한 이유도 있지만 하나같이 감동 어린 실화를 토대로 한 이야기 식 문체로 기사를 작성하였기 때문이다. 사실이 뒷받침된 실례를 통하여 작성한 진정성 있는 원고나 살아 있는 스피치야말로 사람의 흥미를 일으키고 설득력이 있는 것은 정해진 이치가 아니겠는가!

● 원활한 소통이 필요한 당신에게

영화 아바타의 나비 족처럼 소통하라

2009년, 세계 전역에서 흥행 돌풍을 일으키며 전 세계 영화 흥행의 역사를 새롭게 쓴 영화 〈아바타〉가 한국의 극장가를 뜨겁게 달구었다. 〈아바타〉의 인기몰이는 2010년에도 계속되어 국내에서는 외화 사상 첫 천3백만 관객 동원이라는 놀라운 기록을 세우며 여름에 재개봉하기도 했고 〈아바타 2〉의 제작으로 이어졌다. 이 영화가 인기를 얻은 주된 이유로는 신비감을 주는 소재의 특이성도 있지만, 스크린을 통해 3D(입체) 영상이 주는 생생한 전달력의 힘이 매우 컸다.

이해를 돕기 위해 영화의 간단한 줄거리부터 소개해 드린 후 이 영화가 '소통'을 어떻게 구현해 내고 있는지, '소통'할 줄 아는 영화 〈아바타〉를 통해서 스피치를 이야기하려 한다.

지금부터 150년 후 에너지 고갈로 고민하던 지구인들이 행성 판도라에 엄청난 자원이 있다는 것을 알게 된다. 하지만, 그곳에는 토착 원주민 나비 족이 산다. 우선 그들을 알고 설득하기 위해 그레이스 박사 팀은 사람의 의식을 나비 족의 외형에 주입한 아바타(분신)를 개발한다. 하반신 장애를 겪고 있던 제이크가 나비 족 아바타가 되지만 시간이 갈수록 정체성의 갈등을 겪는다. 제이크는 결국, 나비 족 전사의 편에서 지구인의 공격에 대항한다.

영화 속 나비 족의 승리는 소통을 기반으로 이룬 승리라 해도 부족함이 없다.

나비 족의 연대의식은 매우 단단하다. 주인공을 전사로 교육하면서 가장 먼저 가르친 것도 교감이고 동식물과도 교감을 나눈다. 인간과의 전쟁에서도 타 부족과 협력을 도모하고, 동식물과도 연합전선을 구축함으로써 승리를 거두게 한 궁극의 힘도 '소통'이었다.

이에 비하여 영화 속 우리 인간의 조직은 명령과 복종, 의심과 상호감시의 체제로 현재 우리가 현실에서 느끼는 조직의 병폐를 함축적으로 보여준다.

우리는 아바타에서 보여준 '교감'이라는 단어에 좀 더 주목해야 한다.

친밀한 소통과 그에 기초한 삶의 모습을 보여준 나비 족에서 우리가 배울 것은 '소통과 참여를 통한 교감'이다. 일방적인 의사전달이 아니라 상호존중을 기반으로 한 쌍방향의 커뮤니케이션을 보여준 것이 아바타의 커뮤니케이션 방법이다. 21세기 우리의 커뮤니케이션 현실도 크게 다르지 않기는 하다. 기존 매스미디어(대중매체)의 일방적인 전달이 퇴보하고, 이제는 소통의 창구가 블로그(blog), SNS라 부르는 소셜 네트워킹 서비스(Social Networking Service), 트위터, 페이스 북 등 쌍방향적인 인터렉티브 소셜 미디어(Interactive Social Media, 상호작용하는 사회적 매체: 양방향성을 활용하여 사람들이 참여하고 정보를 공유하며 사용자들이 만들어 나가는 미디어)로 변화하고 진화하면서 여론형성 또한, 이들을 통한 소통 방식으로 바뀌었다. 현대인은 명령과 통제가 아니라, 이해하고 공감하는 소통을 원한다. 요즘은 스마트폰이나 트위터, 페이스 북을 통하여 인종, 나이, 계층, 지역 등에 관계없이 서로의 벽을 쉽게 허물고 어렵지 않게 친구가 되는 소통 방식이 대세이다. 실제로 인터넷상에서 세계적인 명사, 국내 재벌 그룹의 CEO와도 어떤 주제로든 편안하게 이야기를 나누는 모습이 활발하다. 어찌 보면 인터넷판 민주주의의 구현이라고 할 수 있을 정도다. 그래서인지 직장문화도 이전과 많이 달라진 것 같다. 15년 전, 첫 직장생활을 할 때만 해도 시키는 대로 무조건 따라야 하는 군대식 문화가 지배적이었는데, 요즘은 후배 직원을 회사의 구성원으로서 하나의 인격체로 인정해 주는 분위기다. 팀에 들어온 신입사원의 기를 죽이는 게 아니라 그들과 공동 작업을 통해 교감을 나누면서 업무의 성과를 올린다.

　소통과 참여를 통하여 따뜻하게 교감하고 스피치를 성공으로 이끌려면 몇 가지 지켜야 할 원칙이 있다. 〈아바타〉의 나비 족이 자신과 관계된 모든 것과 교감하듯이, 내가 말하는 공간의 모든 사람과 골고루 눈을 마주치며 말의 내용과 표정에 진심을 담아 전해야 한다. 무리 중 한 사람에게만 눈길을 주면 나머지 사람이 무관심한 반응을 보일 수 있고 당신의 말을 진심으로 받아들이기가 어려워지기 때문이다. 다수에 집중해야 다수의 참여를 이끌어낼 수 있다. 청중 한 사람 한 사람에게 화자가 자신과 일대일 대화를 나누고 있다는 생각이 들어야 한다. 상대의 표정과 말 속에서 동의를 구하고 참여를 이끌어 내는 것이 나비 족을 통해 배울 수 있는 기본적인 교감의 자세이다. 영화 〈아바타〉에서 드러난 냉혹한 인간사회와 반대로 따뜻한 교감을 보여준 나비 족을 통해서 우리의 소통 방식을 돌아보게 된다. 동료, 자연과의 교감으로 승리를 이끈 나비 족처럼 당신도 세상과 따뜻한 교감으로 커뮤니케이션을 한다면 모든 스피치에서 승리할 수 있을 것이다.

● 긍정의 대화를 원하는 당신에게

말 속에 희망을 마케팅하라

우리는 늘 새로운 희망을 꿈꾸며 살아간다. 현실로 이루어지든 그렇지 않든 희망은 누구에게나 살아가는 힘이 된다. 모든 메시지의 궁극은 미래의 긍정적인 희망으로 향해야 한다. 우리 삶의 목표는 절망이 아니라 희망이다. 희망은 죽어가는 사람도 살린다. 성숙한 스피치를 원하는 당신이라면 사람을 살리는 말, 희망의 언어를 말하라. 말 속에 희망을 마케팅하라!

2009년 10대 히트 상품 중에 김연아, 선덕여왕, 걸 그룹이 보여주는 공통점이 있다.

어떤 아이템이 그 해의 히트 상품으로 인정받는다는 것은 많은 사람을 아우르는 매력적 요소와 함께 시대를 꿰뚫는 극적인 요소가 있음을 의미한다. 그렇다면, 이들이 히트 상품이 될 수 있었던 이유는 무엇일까?

얼핏 보면 이 세 가지 사이에 무슨 공통점이 있을까, 공통점 찾기가 쉽지 않아 보인다. 이들의 극적인 공통 요소는 역경을 극복하고 부단한 노력으로, 결코 넘지 못할 것 같던 높은 장벽을 허물고 새로운 희망을 제시했다는 데 있다.

김연아는 그동안 선진국의 전유물로 그들만의 리그로만 여겨지던 피겨스케이팅 분야에서 독보적인 존재로 자리 잡으면서 온 국민에게 할 수 있다는 희망의 메시지를 전했다. 남성을 능가하는 탁월한 리더십과 미모를 겸비한 여성인 선덕여왕과 당시 역사적 인물의 활약을 그린 드라마 〈선덕여왕〉은 탤런트 고현정의 실감 나는 연기로 40%대의 시청률을 기록하였다. 마지막으로 걸 그룹의 대단한 인기 사례를 들어보자. 누구나 따라 하기 쉬운 노래와 춤, 열정적인 공연 자세로 10대뿐 아니라 40대 중장년층까지에도 엄청난 인기몰이를 하면서 10대만 열광하던 댄스뮤직의 한계를 극복하고 폭넓은 열혈 팬을 확보했다. 이렇게 이 세 가지 히트 상품은 우리가 넘어설 수 없다고 생각했던 고정관념의 장벽을 과감하게 깨뜨림으로써 2009년의 10대 히트 상품으로 주목받을 수 있었다.

그들이 우리에게 던져 준 메시지는 바로 '희망' 이다!
선진국 선수들의 독주 속에 우뚝 선 김연아, 탁월한 리더십으로 남성 위주의 우리 역사에 한민족 역사상 최초의 여왕으로 등극한 선덕여왕, 외모와 실력을 겸비하여 10대만의 전유물로만 인식되어 오던 댄스뮤직으로 40대까지도 평정하며 열렬한 지지를 받는 여성 아이돌 그룹을 통하여 우리는 희망을 보았다. 할 수 없는 것을 할 수 있는 것으로, 부정을 긍정으로 바꾸어 나갈 수 있는 희망이야말로 시대를 초월하여 누구나 열광할 수 있는 메시지이다. 그러므로 우리도 스피치에 희망이라는 메시지를 품어야 한다. 말을 통해 희망을 전해야 한다. 사람을 살리는 긍정적인 말을 해야 한다. 나의 스피치도 이 시대의 히트 상품처럼 희망으로 우뚝 서야 한다.

희망이라는 메시지가 우리 국민에게 간절한 이유는 바로 OECD 국가 중 자살률 1위라는 안타까운 사실 때문에 더욱더 그렇다. 이것은 곧 사람이 살기 어려운 나라 1위가 대한민국이라는 등식이 성립한다. 자살을 선택하는 사람들이 늘어나는 이유는 삶의 질 문제이기도 하지만 인터넷을 통해 떠도는 자신을 향한 부정적인 언어 때문이기도 하다. 사생활이 낱낱이 공개되고 악성 댓글이 판을 치니 당하는 당사자가 겪는 심적·정신적·물질적 고통은 이루 말할 수 없다. 순식간에 누구나 공공의 적이 될 수 있는 인터넷 세상에 살아가면서, 이제 누구든 악성 댓글자의 레이더망에서 벗어날 수 없고 한시도 마음을 놓을 수 없다. 텔레비전 프로그램은 또 어떤가? 서로 헐뜯고 험담하는 거친 내용을 여과 없이 방송하며, 더욱 슬픈 사실은 그런 프로그램이 시청률마저 높다는 사실이다. 소돔과 고모라처럼 음란하고 각박한 이 땅을 살아가는 우리에게 그래서 더더욱 희망의 메시지가 간절하다. 홈쇼핑에서 방송을 하건, 광고에서 제품을 홍보하건, 세일즈를 위해 영업을 하건, 친한 친구와 수다를 떨건, 수많은 말 속에서 서로에게 도움이 될 수 있는 말, 긍정의 언어로 서로 격려해야 한다.

흔히 하는 말 중에 상대에 대하여 칭찬만 하는 '덕담 플레이'가 있다. 마냥 칭찬만 해야 해서 객관적이지 않을 때도 있지만 요즘 같이 냉정한 사회에서는 자주 하면 좋을 것 같다.

그만큼 희망의 메시지가 중요하고 간절하다는 이야기다.

쓸데없이 말만 많은 시끄러운 노이즈 스피커가 되지 말자. 각자가 희망을 주는 굿 스피커가 되어야 하는 것이 이 시대를 향한 우리의 사명이다. 이 책을 통하여 여러분에게 이렇게 당부하고 싶다.

부디 당신의 말 속에 희망을 마케팅하라!

● 통쾌한 대화를 원하는 당신에게

뻔뻔한 아줌마 식 스피치를 구사하라

대한민국의 아줌마는 너무 바쁘고 살기가 빠듯하다. 그래서 돌려 말하기에 익숙하지 않다. 아이들 학원비 때문에 스트레스 받고, 사오정으로 대변되는 남편의 실직이 두렵고, 젊을 때의 꽃다운 모습에 어느덧 원치 않는 세월의 흔적이 고스란히 새겨지면 슬프고, 인생의 팍팍함을 뼛속 깊이 경험하면서 힘들고 지쳐 마음의 여유가 없다. 그래서인지 아줌마는 유난히 돌려 말하기를 싫어한다. 직선적인 말투가 익숙하다. 때론 거칠게 들리기도 하지만 그 거친 말 속에서 우리는 오히려 진한 삶의 향기를 느낄 수 있다. 가끔 그 솔직함에 아줌마의 말이 마냥 듣기 싫지만도 밉지만도 않다.

아줌마의 화법은 한마디로 화끈하다. 일단 무작정이다. 주로 내 입장만을 고수한다. 상대의 의사보다 내 입장이 훨씬 중요하다. 사실 대화법에서 중요한 것은 상대의 처지를 충분히 이해하고 상대의 상황에서 대화를 풀어나가는 것인데, 이에 정면으로 배치되는 것이 아줌마 식 대화법이다. 직업이 직업이다 보니 이런 아주 독특한 화법인 아줌마 식 대화법을 한 번쯤 고민할 필요가 있다는 생각이 들었다.

　아줌마 식 대화법이라면 예를 들어 막무가내가 있다. 무조건 사과 하나를 더 달라거나 무조건 깎아달란다. 심지어 지나온 가게에서는 사과 열 개에 만 원이던데, 사과의 크기와 품질, 상태가 다른데도 꿈쩍 않고, 여기는 왜 다섯 개에 만원이냐고 따지기까지 한다. 그냥 싼 가게에 가서 사면 될 것을 일단 우기고 본다. 이런 막무가내 정신에 때론 무모하기까지 하다. 상대방의 기분은 고려하지 않고 서슴없이 말을 받아치고 다음에 꼭 다시 온다며 지킬 수도 없는 약속을 장담한다.

　그런데 이런 아줌마 식 대화법에도 장점이 있다. 아줌마 식 대화법의 장점은 무얼까?

　아무래도 가장 큰 장점은 내 의견을 강력하게 상대에게 각인시킬 수 있다는 점이다. 왜냐하면, 상대로서는 너무 상식 밖의 어처구니없는 내용이기 때문이다. 상대방이 수용할 수 없을 정도의 상상을 뛰어넘는 요구만큼 세상에 강력한 주장이 어디에 있겠는가? 좋게 말하면 솔직하고, 나쁘게 말하면 오직 내 상황만 밝히는 말하기이다. 내 입장을 솔직하고 힘 있게 말하는 게 아줌마 식 대화법의 핵심이라고 할 수 있다. 막무가내 같지만 솔직하고, 내 입장만 내세우는 것 같지만 진실함이 있고, 거친듯하지만 삶의 무게가 느껴진다. 그래서 때론 아줌마 같이 말하는 것이 매력적으로 보이기도 한다. 그런데, 이런 아줌마 식 대화법은 누구에게 적합할까?

　본인의 의사를 합리적으로 잘 표현하는 사람에게는 더 필요한 자질은 아닌 것 같다. 과감하지 못한 성격을 가진 사람 혹은 소극적인 사람, 너무 상대방의 의견에만 끌려다니는 사람에게는 이런 과감하고 솔직한, 무작정의 대화법이 도움된다. '장고 끝에 악수 둔다.' 라는 옛말처럼 너무 고민하는 유형이라

머릿속, 입 속에서만 말이 뱅뱅 돌다가는 결국, 한마디도 못할 수 있기 때문이다. 사실 어디서건 본인의 의사를 솔직하게 말하는 것은 아주 중요하다. 말을 하지 않으면 어떤 생각을 하는지 어떤 고민이 있는지 알 수 없기 때문이다. '우는 아이 젖 준다.' 라는 말처럼 말도 겉으로 표현하는 것이 중요하다. 그래서 우리나라를 이끌어가는 또 하나의 힘이라고 할 수 있는 아줌마 식의 화법도 스피치 책에서는 빼놓을 수 없는 부분이다. 아마 아줌마 스타일의 화법을 제시한 것은 첫 시도가 아닐까 싶다.

때론 거칠게라도 진심을 표현하는 것이 중요하다고 생각된다면 대한민국의 씩씩한 아줌마를 떠올려 보아라. 화끈하게, 통쾌하게, 시원하게 당신의 말에 숨통이 트일 테니까.

● 대화의 카리스마가 필요한 당신에게

확실한 주제로 집중하여 말하라

이번 주제는 카리스마이다. '카리스마'란 하나님의 은총을 뜻하는 헬라어로 본래는 '은혜', '무상의 선물'이라는 뜻으로 사용된 기독교적 용어이다. 독일의 사회학자 막스 베버(Max Weber)는 성경 속의 사사와 같은 지도력을 갖춘 지도자를 가리켜 '카리스마적 지도자'라고 불렀는데, 그는 이 말의 원뜻을 확대하여 사회과학의 개념으로 확립시켰다.

모든 것을 얻으려다 하나도 얻지 못할 수도 있다는 이야기가 있다.
일상에서는 물론 말하기에서도 통하는 이야기이다. 일반적으로 다양한 주제로 말하는 것이 좋다고 생각하기 쉬운데, 꼭 그렇지는 않다. 하얀 백합 꽃다발 속에 빨간 한 송이 장미가 돋보이듯 포인트가 적으면 적을수록 훨씬 효과적이다. 마케팅에도 '선택과 집중'이라는 전략이 있다. 목표 대상을 설정할 때 선택한 핵심 소비자에게만 모든 전력을 다해 최대의 성과를 올리는 것을 말한다. 요즘엔 예전과 다르게 할인점이나 마트에서도 소포장의 비싼 과일과 채소를 볼 수 있다. 업체야 묶음 단위로 파는 쪽이 매출에 훨씬 유리하겠지만, 전체인구의 20%까지 늘어난 싱글족 시장을 외면할 수도 없기 때문이다. IMF 사태의 경제위기 때, 상대적으로 불경기에 영향을 덜 받는 최상류층에 영업을 집중한 카드사나 백화점 등에서 선보였던 고정관념을 깬 마케팅이 성공할 수 있었던 것도 선택과 집중 전략을 통하여 매출의 20% 정도를 차지하는 소수 1%의 VVIP를 '선택' 하고, 그들에게 '집중' 했기 때문이다.

선택과 집중이 스피치에서도 중요한 전략이 될 수 있다. 상대에게 내 말을 효과적으로 전하려면 과감하게 주제의 범위를 한정하고, 한 가지 주제라도 생생하고 실감 나게 전달해야 카리스마 있는 대화로 대화의 주도권을 장악하며 이야기를 풀어나갈 수 있기 때문이다.

그러려면, 평소에 짧은 시간 안에 한 가지 주제를 명확하게 말하는 훈련이 중요하다. 모두가 너무 바빠 당신의 이야기를 들어줄 시간이 충분하지 않기 때문이다. 그러나 어쩔 수 없이 누군가의 이야기를 강제로 들어야 할 때가 있다. 사장의 취임사나 결혼식의 주례사 같은 경우다. 너무나 의욕에 찬 사장님은 과거 이력과 앞으로 본인의 비전을 끊임없이 늘어놓는다. 취임사가 끝나고 식장을 나서는 직원의 모습은 파김치가 된다. 결혼식 주례사는 두 사람과의 인연으로 시작하여 두 사람의 약력에 본인의 결혼 철학을 줄줄이 이야기한다. 취임사건 주례사이건 참석자 대부분의 반응은 내용엔 관심 없고 그저 길다고만 생각한다. 주례사의 경우, 만약 신랑 신부가 결혼에 골인하기까지의 실감 나는 에피소드 몇 가지를 들려주었다면 그나마 좀 흥미로웠으리라. 이야기에 카리스마가 있으려면 전달자가 누구인가도 중요하지만, 내용 또한 지루하지 않아야 한다. 상대를 고려하여 꼭 전해야 할 내용만 순서에 맞춰 짜임새 있게 전해야 한다.

광고나 홈쇼핑 시장을 보아도 다르지 않다.

광고는 주로 신상품을 마케팅 할 때 사용하는 주요 수단이다. 새로운 상품이 이 세상에 선을 보이니 자랑할 거리가 얼마나 많겠는가? 그러나 상품의 자랑거리는 딱 한 가지여야 한다. 일관된 하나의 메시지로 지속적으로 소통해야 한다. 15초짜리 텔레비전 광고에서 '절제'는 미덕이다. 그 이상 더 무엇을 더 표현할 수 있겠는가?

조금 더 긴 광고방송인 홈쇼핑도 마찬가지다. 광고가 하나의 메시지에 대한 작업이라면, 홈쇼핑은 조금 더 여유가 있긴 하지만 정해진 시간에 강력한 소구점 몇 가지를 전해야 한다는 사실은 광고와 같다. 설득을 통해 바로 구매로 이어지도록 상품 소구점을 전달해야 하는 홈쇼핑은, 말의 주제를 줄이고 순서를 명확히 하는 데 좀 더 많이 신경 써야 한다.

예를 들어 설악산 국립공원에 대해 프레젠테이션을 한다고 하자. 사실적으로 설명하기 위해 지형적인 특징, 기후, 인구수, 연 관광객 수에 곳곳의 유명 사찰, 관광지 등을 구구절절 나열하면 제대로 기억에 남는 한 가지 없이 수박 겉핥기식의 스피치가 될 뿐이다. 듣는 사람은 설악산 국립공원이 아닌 비슷비슷한 국립공원의 모습만 머릿속에 남게 된다. 그래서 주제를 좁혀 가장 매력적인 내용을 순서대로 알리는 것이 가장 중요하다. 설악산에 대한 주제도 계절이 좋을지, 산행하기 좋은 산이 좋을지 콘셉트를 압축하고 명확하게 전해야 한다. 그래야 전해야 하는 메시지에 힘이 실리게 된다. 그리고 나서 매력적인 한두 요소만 내 말의 주제로 삼아야 커뮤니케이션을 효과적으로 할 수 있다.

● *살아 있는 대화를 원하는 당신에게*

온몸으로 3D 입체 스피치를 하라

'살아 있는 보디랭귀지(body language, 신체 언어)에 주목하라.'
 심리학자 앨버트 메러비언은 전체 의사소통의 7%만이 대화의 내용을 통하여 이루어지고, 38%는 음조나 억양 등 말투를 통해서, 나머지 55%는 표정과 몸짓 자세 등 시각적 요소를 통해 전달된다고 말했다. 그래서인지 미인 대회를 보고 나면 우승자의 당선 소감보다도 유독 그녀들의 예쁜 얼굴만 생각나나 보다. 어쨌든 커뮤니케이션의 93%가 보디랭귀지를 통해 전달된다는 사실을 잘 새겨야 한다. 상대방의 말을 잘 이해하려면 말의 내용을 새겨들을 뿐만 아니라 상대방의 눈을 보아야 하고 다른 신체 언어에도 주의를 기울여야만 한다. 말의 내용인 콘텐츠(소프트웨어)가 중요한 건 물론이고 그 내용을 전달하는 내 신체적인 감정표현(하드웨어)도 상당히 중요하다는 이야기다. 콘텐츠인 소프트웨어를 어떤 하드웨어에 담느냐에 따라 표현의 결과가 달라지고 사람들의 선호도가 달라진다. 똑같은 요리라도 어떤 그릇에 담겨 나오고 어떻게 장식하느냐에 따라 전혀 다른 음식처럼 보이는 것처럼 말이다.
 서양 사람이 의사표시의 한 형태로 어깨를 으쓱이던 제스처가 예전엔 낯설고 어색했는데, 이제는 글로벌 문화 속에서 살아가다 보니 우리도 감정을 표현할 때 다양한 형태의 제스처를 취하기도 하지만 확실한 의사 전달을 위해 좀 더 적극적으로 몸짓 언어를 사용할 필요가 있다. 왜냐하면, 말로만 내 생각을 전달하는 방법이 1차원적 커뮤니케이션이라면, 여기에 목소리의 높낮이에 변화를 주고 쉬어가기도 하고 강조할 내용을 표정과 감정을 실어 전달하는 방법은 2차원적 말하기에 해당한다고 할 수 있다.

그렇다면, 3차원적 말하기는 무엇인가? 제스처를 동원하여 자신이 전달하고자 하는 바를 '온몸'으로 말하는 것이다! '감정이나 생각, 전달하고 싶은 바를 온몸으로 표현해서 말함으로써 그림이 그려지는 입체적 말하기' 야 말로 실제적인 3D 입체 스피치라고 할 수 있다.

이것은 우리에게 시각적인 혁명을 안겨준 영화 〈아바타〉를 관람할 때 혁신적인 입체화면이 관객들에게 더 큰 감동을 안겨 준 것과 같은 이치다. 당시 사람들은 '2D 평면' 영화 대신 돈을 조금 더 주고서라도 한 차원 높은 '3D 입체' 영화를 보기 원했다. 같은 내용의 영화라 해도 표현 방식에 따라 감동의 차이가 크기 때문이다. 전달 매개체를 2D나 3D 같은 '도구' 대신 '사람'으로 바꾸어 보면, 같은 내용이라도 전달자에 따라 청자가 받아들이는 느낌(앞에서 말한 감동)이 다른 것과 같다. 앞에서도 말한 예로 같은 소재라 해도 개그맨이 전하면 웃기고 아나운서가 뉴스 톤으로 말하면 진지한 것처럼.

무표정한 얼굴에 일정한 모노톤의 목소리로 고정된 자세로만 이야기하는 사람이 있다면 누구라도 그에게 어떤 반응을 보이거나 쉽게 감동하지 않는다. 손, 발, 몸, 표정 등을 이용해서 살아 움직이는 3차원적 입체 스피치를 하면 당신의 말이 훨씬 인상적이고 강력하게 전달된다. 대학생 때 미국인 강사에게 원어민 회화를 배운 적이 있는데 당시 그의 과장된 몸짓에 위축되기도 하고 거부감도 없지 않았다. 그런데 10년이 훨씬 지난 지금에도 아직 기억 속에 강사의 표정과 몸짓이 또렷이 남은 걸 보면, 말과 말투 억양 등의 단순 말하기뿐 아니라 적극적인 몸짓을 동원한 '온몸으로 말하기'를 적극적으로 훈련하길 권유한다.

당신의 스피치에 눈빛, 표정, 목소리의 높고 낮음, 목소리의 크기, 손발 등의 몸짓을 이용하여 온몸으로 말하는 3D 입체 스피치를 적용해 보아라. 이 시대의 가장 강력한 말하기 기법을 통해 살아 있는 대화, 내용을 살리는 대화를 하게 될 것이다.

● 최고의 스피치 리더가 되고자 하는 당신에게

3D 입체 스피치로 마케팅하라

제임스 카메룬 감독의 영화 〈아바타〉 이후로 3D에 대한 관심이 뜨겁다.
이렇게 실감나는 3D 입체 영화를 본 적이 없기 때문이다. 시각적인 충격만으로도 3D는 혁명 그 자체였다. 그래서인지 요즘 덩달아 3D 텔레비전에 대한 관심이 뜨겁다고 한다. 세계적으로도 3D 텔레비전의 판매량이 급상승 중이라고 하니 그 열기를 가히 짐작할 수 있다. 그리고 생활 곳곳에서 우리의 관심도 자연스럽게 평면에서 입체로 옮겨지는 것 같다.

사회적 관심과 상황이 이쯤 되면 우리의 스피치도 '평면에서 입체로' 관심을 옮겨야 하지 않을까? 이 책을 쓴 이유도 여러분에게 밋밋한 평면적 대화법을 넘어, 좀 더 살아 있는 입체적 대화법을 구사할 수 있는 지침을 드리고자 하는 데 있었다. 그렇다면 입체적인 말하기로 표현되는 3D 입체 스피치란 결국 무엇일까?

우리의 말을 매체에 비교하면 지극히 오디오 중심이었던 기존의 라디오 방송에 불과하다. 하지만, 소리에 더하여 말의 강약 포인트, 호흡법, 표정, 몸짓

등 몸짓언어까지도 최대한 활용하면 그것은 오디오와 비디오가 통합된 형태의 텔레비전 방송으로 발전한다. 단순히 소리의 전달에 불과한 평면 언어였던 말은 더 높은 차원으로 입체적으로 변화해서 살아 움직이는 3차원의 영상 언어가 된다. 언어에 날개를 다는 것이고 뼈에 살을 바르고 옷을 입히는 작업, 미술로 치면 1차원 적인 점이 선이 되고 2차원인 면이 된 후에도 이러한 단순 스케치에서 끝나지 않고 더 나아가 입체감을 느낄 수 있는 작품으로 탄생하는 원리, 이것이 바로 이 책에서 내내 전달하고자 했던 3D 입체 스피치이다. 그래서 3D 입체 스피치의 세상에서는 말을 통해 짜릿한 감동과 전율을 느낄 수 있다!

다시 말해 3D 입체 스피치란 내 말이 상대의 눈앞에서 살아 움직일 수 있어야 하는 말하기 기법이다. 즉 상대가 온몸으로 내 말을 느낄 수 있어야 한다. 무형의 '말'을 형태가 그려지는 '유형'의 영상으로 떠올리며 서로 대화할 수 있어야 한다는 말이다. 3D 입체 스피치란 간단히 말해, 말이 상대에게 입체적 형상이 영상으로 그려지고 상대방이 내 말을 오감으로 느낄 수 있는 스피치이다. 상대방은 내 말을 들음으로써 단순히 머리로 이해하는 정도에서 그치는 것이 아니라 비록 간접적이긴 하지만 마치 실제로 눈앞에서 보고 맛을 보고 향을 느끼고 만지는 것처럼 그 느낌이 마음에 깊이 새겨지고 박히며 공감할 수 있다. 실제로 경험해 보지는 않았지만 마치 간 것처럼, 본 것처럼, 이미지가 실재하는 것처럼 청자가 착각하고 느낄 수 있도록 하는 것, 이것이 3D 입체 스피치의 핵심이라고 할 수 있다. 따라서 말하기 실력이 성공의 한 요소가 된 요즘에 절실히 요구되어지는 것이 바로 이 3D 입체 스피치 마케팅 기법이라고 할 수 있겠다.

오랜 세월이 지나도 인상적인 영화 장면은 우리 기억 속에 여전히 남아 있음을 경험한다. 그와 같이 바로 3D 입체 스피치의 장점도 오랫동안 상대에게 내 말을 기억할 수 있게 하는 것이다.

예를 들어 여행 상품의 하나로 사이판을 판매하려고 할 때 "서태평양 북마리아나 제도 남부에 있는 화산성 섬. 면적이 115.39㎢이고, 최고점 474m, … 미국 북마리아나 제도 연방에 속합니다."라고 말하면 그야말로 채널이 돌아간다. 그러나 "환상적인 일몰과 눈부신 화이트 샌드에 보기만 해도 낭만적인 야자수 … 쪽빛 맑은 물에서 스노클링을 즐기면서 형형색색의 열대어까지 감상할 수 있어 지상 천국이 따로 없습니다."라고 이야기한다면 어떨까? 아마 지리 시간이 아닌 이상 전자의 말은 지루하고 졸리기만 하고 영화 같은 후자의 설명이 더 귀에 꽂힐 것이다. 같은 말을 듣고도 상상하는 장면은 조금씩 다를지라도, 어쨌든 당장에라도 사이판행 항공권을 사서 여행을 가고 싶은 마음이 굴뚝같을 것이다. 진짜 내가 지금 사이판에 있는 것 같은 착각이 들 수도 있다. 당장에라도 하얀 백사장을 보며 야자수 나무 밑에서 한가로이 시간을 보내는 모습을 상상하게 될 것이다. '아' 다르고 '어' 다르다고, 이렇게 똑같은 제품을 설명해도 입체적인 스피치를 하면 상대의 반응이 180도 달라질 수 있다. 그래서 이런 3D 입체 스피치에 대한 연구와 훈련은 더욱 필요하다.

그런데 3D 입체 스피치를 구현하기 위해 당신이 갖춰야 하는 중요한 자질이 있다.

첫째, '섬세함'이다.

3D 입체 스피치의 핵심은 말하는 사람의 영상화된 섬세한 스피치를 통해 듣는 사람이 생생한 이미지를 그려내게 됨으로써 그 속에서 감동을 얻을 수

있기 때문이다. 그냥 "꽃이 피었다."라고 단조롭게 이야기하지 마라. "청아한 어느 가을날, 먼지가 피어 흩날리는 국도 변 한들한들 흐드러지게 피어 있는 자줏빛, 보랏빛, 핑크빛 코스모스 위로 잠자리 한 쌍이 날고 있었다…." 이렇게 그림이 그려지는 말을 해야 한다. 이런 차이를 보이는 이유가 섬세함이고 이 섬세함이 결국 3D 입체 스피치를 이끌어낸다!

둘째, 내가 하는 말이 하나의 영상이 될 수 있도록 한다.

내 스피치가 달리는 말이 되어 들판을 뛰어다니기도 하고, 해바라기처럼 활짝 피었다 지기도 하고, 때론 달팽이처럼 꼼지락거리며 움직이고 있어야 한다. 그래서 내 말을 상대가 생생하게 온몸으로 느끼고 스피치에 흠뻑 빠져들어야 한다. 예를 들어 보통 사람이라면 "완전한 것을 고치려 하는 일은 공연한 짓이다."라고 표현할 문장을 대문호 셰익스피어는 "완전한 것을 고치려고 하는 것은 정제된 금에 금박을 입히고, 백합꽃에 그림물감을 칠하고, 제비꽃에 향수를 뿌리는 것과 같다."라고 표현했다. 혹 떼려다 혹 붙이는 격으로, 완전한 것은 그대로 두어야지 고치려다 오히려 더 불완전해진다는 내용을 밋밋한 한 문장에서 그림이 그려지는 영상 언어로 생생하게 표현하다니 정말 대단하다. 분명한 말의 차이를 느끼기 원한다면 표현력을 키우기 위해서 상상력 훈련을 끊임없이 해야 한다. 상대방의 말이 내 귀에 들리는 정도가 아니라 눈에 보이고, 향기가 느껴질 수 있도록 스피치를 마케팅 해야 한다.

셋째, 사물을 대할 때 본인의 더듬이를 최대한 세우고 섬세하게 관찰하고 이를 다양하게 표현하려는 자세와 능력이 필요하다.

예를 들어 사람을 표현할 때 히스패닉, 흑인, 백인, 동양인, 아랍인 등으로 인종을 정확하게 분류하는 것처럼, 특수한 개념을 사용해서 구체적으로 표현하고 선명한 영상을 떠올리게 해야 한다.

넷째, 자유, 인생, 평화와 같은 추상적인 개념어보다는 구체적인 단어를 사용한다.

다섯째, 사실적인 묘사가 중요하다.
예를 들어 숫자나 날짜 등을 활용하는 것도 한 방법이다. 영화라면 스토리와 주인공을 이야기하고 그 영화가 언제 만들어지고 얼마나 많은 사람이 보았는지 등 수치화해서 구체적으로 이야기하면 상대방의 뇌를 자극하는데 훨씬 도움을 줄 수 있다. 평면보다 입체화면이 더 실감 나는 것은 너무 당연한 일이다.

지금은 영상 시대이다!
바빠진 삶 속에서 영상에 익숙해진 사람들은 같은 내용이라도 영상으로 제공하는 것을 훨씬 선호한다. 특히, 청소년 이하 세대에서는 더욱 그렇다. 그들에겐 말로 하기보다 실제 영상을 통해 전달하는 편이 전달력이나 설득력이 훨씬 좋다. 그러나 스크린 등 여러 가지 시청각 장비와 복잡하고 까다로운 환경까지 갖춰야 하는 직접적인 영상을 매번 제공할 수는 없는 일이다. 그러므로 언제 어디서든 쉽게 표현할 수 있는 '말'을 영상화해야 한다! 영상 시대에서는 나 자신이 '걸어 다니는 영상 장비'가 되어 마케팅해야 한다. 바로 스피치를 통해서!
빠르게 변하고 있는 세상에서 시대의 흐름을 따라, 살아 움직이는 3D 입체 스피치로 세상과 통하는 것은 선택이 아니라 이젠 필수다. 3D 입체 스피치 마케팅이란 죽은 뼈대에 살을 붙이는 작업이다. 죽어 있는 말에 살을 붙여서 살아 있는 언어로 더욱 입체감 있게 말하는 것이다. 그림이 그려지는 언어, 살아 있는 언어, 생동하는 언어가 말의 내용을 살린다.

　죽은 듯 잠들어 있는 당신의 말을 깨워라!
　죽어 있는 말을 살리기 위하여 이제 당신의 스피치를 마케팅하라!